The Consequences of Ideas
Understanding the Concepts that Shaped Our World
Copyright © 2000 by R. C. Sproul

Originally published by Crossway, 1300 Crescent Street,
Wheaton, Illinois 60187
Published by agreement through Beijing Abundant Grace
Communications Ltd.

思想的结果
理解塑造当今世界的观念

The Consequences of Ideas
Understanding the Concepts that Shaped Our World

史普罗（R. C. Sproul）/ 著

胡自信 / 译

上海三联书店

目　录

前言 为什么要学哲学?

1959 年夏:这段时间是我大学二年级结束的标志,我那近十年的"欢乐时光"也即将结束。深受人们爱戴的"艾克"*还坐在椭圆形办公室的宝座上,纽约的洋基队(Yankees)仍然是全美职业棒球联赛的霸主,距离风云激荡的 60 年代还有一年的光景。

我最关心的是能找到夏天的工作。我有许多工程技术专业的朋友,他们都已经为暑期找到一份报酬丰厚的工作,其待遇远远高于最低工资。而我却前途暗淡:我的专业是哲学。报纸上找不到一条招聘哲学专业学生的广告。我唯一的选择是,找一份支付最低工资而无需特殊技能的工作。即使如此,我也很高兴,我终于在一家医院的总务处找到了一份工作。

领班得知我是哲学专业的学生,便给了我一把扫帚,

---

* 即第三十四任美国总统艾森豪威尔。——译者注

说,"给,没事的时候,就靠在扫帚上,尽情地思考吧。"工友们都喜欢这样的讽刺。我的工作是,清扫医院的车道与停车场,也做一些其他的工作。

做这份工作第一周的某一天,我的清扫任务就要完成了。我清扫的范围与医院的主车道和护士宿舍的停车场毗连。我注意到,一个男人正在清扫旁边的停车场。他和我打招呼,我们便自我介绍,寒暄一番。我对他说,我还在上大学,他就问我学什么专业。当我回答说"哲学"时,他的脸上露出笑容,目光变得炯炯有神。他的问题连珠炮似的向我袭来,笛卡尔、柏拉图、黑格尔、康德、克尔凯郭尔,如此等等,不一而足。这个人的知识让我感到惊讶。很显然,他的哲学知识远胜于我。

"危险的"思想

一个主业是清扫车道的成年人,竟然对哲学这样抽象的学科如此博学,真让人百思不得其解。我觉得,我们的整个谈话与我们手中的工作有些不协调。我必须弄清楚,他究竟是怎样获得如此渊博的哲学知识的。他的故事令人伤感。

我这位新朋友是德国人。他拥有哲学博士学位,曾是柏林某大学的哲学教授。阿道夫·希特勒上台后,纳粹党人并不满足于他们对犹太人与吉普赛人的"最终解决"。他们还要想方设法清除某些知识分子,因为他们的思想与"第二帝国"的"价值观"相抵触。我的朋友被解职了。他挺身而出，公然反对纳粹，结果，除了一个孩子幸免于难之外，他的妻子与其余孩子都被逮捕并处死。他与小女儿不得不逃离德国。

我问他，为什么不再教哲学了，他回答说，教哲学害得他家破人亡。他眼含泪水，痛苦地说，他活到现在，完全是为了女儿。

听到这个故事的时候，我刚满二十岁。对我来说，第二次世界大战是一个模糊的记忆。对一个二十来岁的青年人来说，十四年的漫长岁月仿佛万古千秋。然而，对我这位五十岁开外的德国朋友来说，战争岁月恍如隔日。昨日的记忆绝不会变得模糊不清。

那天上午，我沉思良久，思考了许多其他问题，现在重温这个故事，正是为了反思过去这些问题。我拿起扫帚当清洁工，是因为我生活在一种认为哲学没有什么价值的文化之中，因此学哲学的人不能受到应有的尊重。另一方面，我的朋友拿起扫帚当清洁工，是因为他曾生活在一种非常重视哲学的文化之中。他之所以被害得家破人亡，是因为希特勒相信，思想是危险的。因为惧怕我朋友的那些思想所能产生的结果，希特勒便想方设法地消灭他——以及他的思想。

当你阅读这本书的时候，你可能不是在户外的阳光下，也不是在室内的烛光下。你很可能是在一间配有人造光源的屋子里阅读。人造光源从何而来？你很可能是开车来到你现在所在的这个地方。汽车从何而来？你的厨房后面很可能没有室外卫生间。你的住所很可能通了自来水,而且配有室内卫生设施。它们从何而来?

一个世纪以前,我谈及的这些东西几乎无人知晓,现在我们却认为,它们是我们日常生活中必不可少的部分。这些实用的东西之所以出现,是因为在它们被创造出来或进入我们的生活之前,有人已经思考过它们(也许是靠在一把扫帚上)。思想在先,结果在后,事情就是如此。

不是所有的思想都能产生看得见摸得着的结果。有些思想荒诞不经。然而,即使一个做梦者的离奇思想,有时也会演变为能够产生重大影响的明确观念。

追本溯源的思想

哲学要求我们追本溯源。"追本溯源"(foundational)的意思是,探求第一原理或基本真理。指导我们生活的大部分思想或多或少都是被我们不假思索地接受过来的(至少一开始是如此)。我们不是白手起家创造一个世界或一种环境,然后开始生活。毋宁说,我们直接迈进一个业已存在的世界和一种业已存在的文化,我们学习与之互动。

举例来说,现在人们很少议论累进税制的得失,按照累进税制,某个社会团体不仅要付更多的钱,而且要付更高比例的个人所得税(与教会的十一奉献迥然不同——上帝实行"固定税率"!)。对这种制度提出质疑者寥寥无几,因为它已延续多年,早已成为公认的事实。然而最初施行时,它却引起了激烈争论。

现在我们很少对政治理论或法律理论进行深入探讨，譬如启蒙运动时期。启蒙运动时期，君主制让位于新的政治体制，人们把目光集中在追本溯源的理论上。可是现在（我们或许可以把弹劾政府官员的那段时间排除在外），我们很少会听到涉及共和政体与民主政体的区别的讨论。我们也很少会听到关于法律基础的激烈辩论（美国联邦最高法院法官候选人克莱伦斯·托马斯[Clarence Thomas]在批准其任命的听证会上曾经提到自然法，参议员约瑟夫·比登[Joseph Biden]报以激烈的回击，实属例外）。

美国的宪法诞生于二百多年前，其思想早已付诸实施。现在我们只能通过各种各样的新立法和新判决来改良它。我们从未想到，我们已将原来那些思想改得面目全非，我们处于"千里之堤，溃于蚁穴"的危险之中。

游戏是别人设想出来的，很久以后，我们才开始参与。游戏规则已经确定，游戏的界限早已设定。笛卡尔曾坚持不懈地苦思冥想，为要证明他的存在，我们却觉得好笑。我们认为这很滑稽；大家都知道某物是真实存在的，例如我们是存在的，有人还要花时间去证明，我们觉得这很愚蠢。康德用毕生精力来探讨我们是**如何**认识我们已经认识的那些事物的，我们对此百思不解，在我们看来，这是毋庸置疑的。

我们产生过怀疑吗？笛卡尔、康德一类的思想家不只是钻牛角尖。追本溯源的思想可以使我们所有的假设大白于天下，这样我们就能发现那些错误的、有时甚至是极其有害的假设。追本溯源的思想旨在指出真理与谬误的区别，

11

因为它很关注善与恶的区别。古人那句格言现在仍然适用:"未经省思的人生是不值得过的。"(The unexamined life is not worth living.)对所有严肃的思想者来说,特别是对那些宣信的基督徒来说,未经思考的生活本来就是不可取的。

如果我的想法在思想领域没有任何价值,也没有引起公众舆论的重视,我总可以重操旧业,再去打扫停车场。但是我不可能**不**思考。不思考是绝对无法想象的。

本书不是写给哲学家,而是写给非哲学专业人士的——有文化的非专业人士。我希望本书能够以生动活泼的形式,引导读者对理论思维做进一步的研究。我刻意避免使用专业术语,因为它们会使非专业人士望而却步。除了使用第一手资料,我还借鉴了罗杰·斯科鲁顿(Roger Scruton)、戈登·克拉克(Gordon Clark)、塞缪尔·斯通普夫(Samuel Stumpf)等哲学史家的研究成果。[1]我希望本书关于思想史的概述,将会对您有所帮助。

史普罗

2000 年 1 月

于美国奥兰多市

第 1 章　早期哲人

西方哲学起源于古爱琴海地区。当时的思想家们并不知道科学与哲学截然不同。**科学**一词的词源学意义即"知识"，**哲学**一词的含义是"爱智慧"。古人想理解他自己以及他周围的那个世界，因此知识与智慧是两个相关的概念。他所关注的是事物的本质。

哲学源自古人对终极实在的探求，终极实在高于人们耳闻目睹的平常事物，能够界定和解释纷繁复杂的日常经验。有三个问题主导着这些早期哲人的思想：首先，他们探求"君主制"；其次，他们在多样性中探求统一性；最后，他们在混沌无序中探求有序的宇宙。我们可以在同一个层面区分这三种不同的探求，但是从另一个层面来看，这三者都是在探索一种能够解释物质世界的形而上学的答案。

简要地考察"monarchy"（君主制）一词的词源学意义，我们就能理解这个词的含义。"Monarchy"一词由前缀和词根两部分组成。前缀 *mono* 的意思是"一个，单一的"。词根

archē 的意思是"主要的,开始的,或是根源",这个部分更重
要。在英语中,它常常被用作前缀,例如"archbishops"(大主
教)、"archenemies"(大敌)、"archetypes"(原型)、"arch-
heretics"(带头离经叛道者),以及"archangels"(天使长)。
"Arch"在这里的意思是"首领、统治者"。"天使长"即"为
首的或有统治权的天使","大主教"即"为首的或有统治权
的主教"。后来,"monarch"(君主、国王)一词有了"政界
要人"的意思,这种含义起源于"为首的统治者"这一观念。

　　在探求"君主制"的过程中,古代哲学家找到一种主要
的或占主导地位的实体或始源,这个实体创造了世界万物,
或者说它是世界万物的本原。这实际上是在探索世界万物
的最终本质或最终实体,探索真实世界的基本"材料"。

　　古代思想家深感困惑的问题之一(现在仍然如此)是统
一性与多样性的关系,或"一与多"的关系。问题的实质在
于,如何理解实在(reality)的诸多截然不同的表现形式:世
界万物是如何以我们所能理解的方式联系在一起的?

　　现在,我们往往是不假思索地使用"宇宙"(universe)一
词。**宇宙**这个词多少带有大杂烩的意思。在这个词里,**统
一性**(unity)和**多样性**(diversity)两个单词(即一和多),被
凑在一起,组成一个新词。高等院校常常被称为"大学"
(universities),因为人们可以在那里学习和研究关于宇宙的
各种不同要素。

　　古人曾努力探索事实的"逻辑",欧洲启蒙运动时期所
谓的"分析法"正好反映了先哲的尝试——换言之,古代思

想家曾致力于从繁茂芜杂的具体事例中演绎规律或普遍原则。它使用了一种集归纳（观察并搜集资料）和演绎（根据资料进行逻辑推理，得出结论）于一体的科学的学习方法。逻辑的作用是赋予多样性以意义、连贯性或统一性。

以同名电视系列节目为书名的卡尔·萨根（Carl Sagan）的名著《宇宙》（*Cosmos*）[1]，开宗明义地说，世界是有秩序的宇宙，而不是混沌状态。宇宙是井然有序的，混沌状态则不然。混沌是科学的大敌。如果实在本质上是杂乱无章的，科学就根本不可能出现。

你也许听说过"混沌物理学"（chaos physics）。这个名称似乎暗示，的确存在混沌状态，但事实恰恰相反。混沌物理学探讨**表面的**（apparent）混沌所包含的要素，以揭示隐藏在表面之下的秩序模式。这些物理学家的研究对象包括能够影响天气的流体力学、海岸地形学、雪花的结构以及气流模式。从某种意义上说，现代混沌理论以更专业、更复杂的方式，再现了先哲探求宇宙的过程。

米利都的泰勒斯

如果有人问，人是用什么东西做成的，我们也许会说，男孩是用"蛤蟆、蜗牛、小狗尾巴"做的，女孩是用"冰糖、香包、洋娃娃"。这首童谣可以用来逗乐，但是如果以此为男女之别的科学解释，那显然是不够的。

当我们读到泰勒斯（Thales of Miletus）对终极实在的解答时，我们可能认为，他是在编一首童谣。泰勒斯认为，万物皆为**水**。"存在"于世界上的万物都是由水构成的,水担负万物统一的责任,是它们的**始源**(*archei*)。

在把泰勒斯遣送到神话故事的王国之前,我们应该先抽出时间,重新思考他的主张。泰勒斯被尊为西方哲学之父的原因之一就是因为他已经远离了传统的神话和诗歌。他试图以科学的方式解释万物的本质。我们也不能把泰勒斯看作远古时代的一个笨伯,对真正的科学一无所知。我们可以说,他是前文艺复兴时期的一个文艺复兴式人物,他的各种成就能够与列奥纳多·达·芬奇(Leonardo da Vinci)相媲美,与阿基米德(Archimedes)不分轩轾。

16

通过改变河道,泰勒斯解决了工程技术方面的一个难题。根据金字塔影子的移动规律,他发明了一套丈量埃及金字塔高度的方法。他提出了星相导航技术,还创造了一种能够测量海上距离的工具。不仅如此,他最高的科学成就在于,他曾准确地预测到公元前585年5月28日所发生的一次日食。这就是关于泰勒斯的一些简单事实!

泰勒斯的原著早已失传,但是根据其他古代作家讲述的有关他的轶事,根据他们所引述的他的文章以及他们提到的他的主张,我们可以重构他的某些思想。我们不了解他对水是终极实在的全部论述。水的几种特征使其成为最终的实在。首先,生命、运动与存在是古代(以及现代)科学着力解开的三大谜团。第三项涉及形而上学的本质问题。泰勒斯说,他观察到的世界万物呈现出不可胜数的体积、形状与颜色,它们都表现为三种可能的形态之一:液体、气体与固体。

为了把实在整合为一种单一的元素,泰勒斯必须找出一种能够表现为这三种形态的物质。水显然是最好的选择,因为它能够表现为液体、蒸汽或冰。这一认识与所有液体皆水的表现形式、所有气体皆蒸汽的表现形式、所有固体皆冰的表现形式的思想,仅一步之遥。

如何解释生命之谜呢?泰勒斯或许已经清楚地认识到,有生命的事物都离不开水。他知道,离开水,他不可能活很长时间。他懂得,要种草,就必须给种子浇水。古人把他们的生命与风调雨顺或干旱少雨联系在一起。

最后,泰勒斯着手解决运动问题:按照我们所理解的惯性定律——除非受到外力作用,静止的物体始终保持静止状态,应该如何解释运动的起源呢?最明显的问题是,促使这种外力开始运动的力量又是什么呢?(对"不动的推动者"的追问并非始于亚里士多德。)

要解决这个问题,泰勒斯需要一台汽车。我当然不是指"别克"轿车。泰勒斯力图发现一种物活论所主张的东西,一种具有自我运动能力的东西(英语中的汽车[automobile]就是"自己能动"的意思)。他需要一种自己能动而无须外物推动的东西。他注意到川流不息的河水与持续运动的潮汐,于是水再次成为一种颇具吸引力的选择。人们可能以为,泰勒斯是"一派胡言",因为他不了解地心引力,特别是月球对潮涨潮落现象的作用,但是说这些话以前,我们必须感谢他,因为是他提出的问题。

17

泰勒斯是历史上第一个哲学家,却不是最后一个。别人继承他的事业,努力修正或完善他的理论。根据前苏格拉底哲学家(pre-Socratic philosophers)对终极实在的本质的不同理解,我们可以把他们分为四个不同的阵营:(1)物质一元论,(2)非物质一元论,(3)物质多元论,(4)非物质多元论。这四个范畴可以归结为两大问题:(1)终极实在是物质的,还是非物质的?(2)终极实在是一(一元论),还是多(多元论)?

表 1.1　终极实在

	一元论	多元论
物质的	1. **物质一元论**:终极实在是物质的,是一。(泰勒斯)	3. **物质多元论**:终极实在是物质的,是多。(恩培多克勒、阿那克萨哥拉)
非物质的	2. **非物质一元论**:终极实在是非物质的,是一。	4. **非物质多元论**:终极实在是非物质的,是多。

泰勒斯认为,水是唯一的最终的本质,因此他是物质一元论者。他的学生阿那克西曼德(Anaximander)继承了他的思想,却否定了实在可以归结为某一种具体元素的理论。阿那克西曼德要寻找一种更为基本的东西,一种高于或超越这个世界的东西,因为这个世界在时间上和空间上都有一个界限。他找到一个作为万物之源的无边无际的终极领域。他称这个领域为 *apeiron* 或不确定的无边界物,我们可称之为"无限"(the infinite)。

阿那克西曼德有一个年轻的合作伙伴，名为阿那克西米尼（Anaximenes），他是所谓的米利都学派的最后一位哲学家。由于不满神秘的"无限"这种模糊思想，阿那克西米尼综合或概括了泰勒斯与阿那克西曼德的某些思想，努力把哲学带回人间。阿那克西米尼找到一种既有具体性又普遍存在的东西。他认为这种东西就是**气**。气与水有许多相同的特征：气可以表现为稀薄与浓缩的不同状态；气是生命所不可缺少的；刮风的时候，气似乎具有自己运动的能力。

毕达哥拉斯

苏格拉底（Socrates）和柏拉图（Plato）之前最有趣的哲学流派之一是毕达哥拉斯学派（Pythagoreans），这一学派对柏拉图产生了明显的影响。

任何一个学过几何的中学生肯定知道毕达哥拉斯定理。毕达哥拉斯（Pythagoras）从萨摩斯岛移居意大利南部，在那里他提出自己的数字理论。他对数学感兴趣，这既有精神的因素，又有宗教的因素，因此数字也带上了神秘的色彩。他认为数字"10"最完美。在研究数学的过程中，形式的东西（与形式或本质有关的东西）变得比物质的东西更重要，理智的或精神的东西也变得比物质的东西更重要。在毕达哥拉斯及其追随者看来，数学与人的灵魂有关。

毕达哥拉斯学派非常重视音乐，因为音乐能够医治灵魂的疾患。他们认为，音乐能"抚慰野蛮人的心"。他们提出了和声数学（mathematics of harmony），他们已经认识到，声音可以分解为数率或数学比例。我们现在使用的音阶很大程度上起源于毕达哥拉斯学派的洞见。

毕达哥拉斯学派认为,医学同样受数学的影响。毕达哥拉斯学派认识到,冷热以及人体的其他化学功能均包含对立面,身体健康就意味着这些对立面处于平衡或和谐的状态。这一洞见是现代生物医学所谓的荷尔蒙平衡的先声。

毕达哥拉斯学派还把数学用于天文学,力图揭示"天体的和谐",以确定天体的位置,预测它们的运动。这绝非单纯的思维训练;古人之所以高度重视天体,不仅因为它能够导航,更重要的是,它还能测量时间(日历),所以人们能够在最佳时间耕作、收获。

历史证明,数学一直是自然科学发展的重要条件。数学理论的发展导致了多次革命,例如哥白尼发动的天文学革命、艾萨克·牛顿发动的物理学革命,以及今天的核科学革命。

前苏格拉底时代的两位哲学巨人是赫拉克利特（Heraclitus）与巴门尼德（Parmenides）。有人说,全部哲学不过是柏拉图与亚里士多德思想的注脚;他同样可以说,柏拉图与亚里士多德不过是赫拉克利特与巴门尼德思想的注脚。

赫拉克利特

赫拉克利特有时被称为"现代存在主义之父",因为他批评过本质论。人们通常用希腊语词组 *Panta rhei* 来概括他的思想,这个词组的意思是"万物皆流变"。赫拉克利特认为,任何时间、任何地点的任何事物,都在运动变化。他把一个重要概念引入哲学,这个概念的意思是,与**存在**不同,万物皆处于**变化**的状态。

在赫拉克利特看来,**存在**于世界上的任何事物都在变化。他举的例子是,你"不可能两次踏入同一条河流"。如果你把一只脚踏入一条河流,那么当你踏入另一只脚时,河水已经流过。河流已经发生了变化。由于人们觉察不到的侵蚀,河岸变了,你自己也变了——即使其他方面没变,你也比以前老了几秒钟。

然而,始终在变的任何事物仍然是**某种事物**。实在不是纯粹的多样性;永恒不变的统一性依然存在。赫拉克利特认为,火是万物的基本元素,因为火始终在变。人们必须不停地为火添料,而火不停地释放某种东西——烟、热、灰等。它总是处于"变化的过程"之中,总是要转变为别的东西。

在赫拉克利特看来,变化的过程不是毫无规律,而是由"上帝"安排的。我给"上帝"加上引号,因为对赫拉克利特来说,"上帝"不是一种位格化的存在,而是一种不具位格的力量。流变是普遍理性发生作用的结果,赫拉克利特称这种普遍理性为**逻各斯**(logos)。这就是逻各斯概念的哲学起源,使徒约翰用它来界定上帝那种先在的、永恒的、能够道成肉身的位格。然而,把约翰使用的逻各斯与希腊哲学中的逻各斯简单地划等号,将会造成严重错误,因为约翰是用

21

希伯来人的思想范畴来解释这个概念。另一方面,把约翰使用的这个概念与希腊思想完全分开,同样会导致严重的错误。

赫拉克利特旨在寻找一个**目的性**原则,这是一种目的论,或说这个目的会赋予不断变化的事物以秩序与和谐,应当赋予多样性以统一性。在他看来,逻各斯是内在于世界万物的普遍法则。一言以蔽之,它是大写的**火**。他的哲学实际上是一种泛神论。

赫拉克利特考察世界万物的运动变化,是为了说明斗争的现实存在,他认为,斗争起源于对立面的冲突。火能燃烧,全靠对立面的斗争,在这场斗争中,任何元素均未被消耗,只是改变了存在的方式。同理,所有冲突终将消解于那包容一切的火或万物的逻各斯之中。

巴门尼德

巴门尼德与赫拉克利特生活在同一个时代,前者比后者小几岁。巴门尼德建立了哲学上的埃利亚学派(Eleatic school,他生活在意大利的埃利亚[Elea],故名)。我是在上大学的时候听到巴门尼德这个名字的。我的哲学老师引用了巴门尼德广为人知的一个命题,"凡是存在着的事物,必然存在。"(Whatever is, is.)我笑了笑,张口就问,"他很有名吗?"这一脱口而出的问题说明,我不过还是个名副其实的大学二年级学生。我以为,巴门尼德说话结巴。

人到晚年,仿佛十八洞高尔夫球赛的后九洞还剩最后三个,大学二年级时曾经有过的那种无所不知的感觉已不复存在。回想起来,我在哲学课上学过的所有概念,都不像巴门尼德的命题"凡是存在着的事物,必然存在"那样发人深思。它促使我思考存在本身,这种思考大有裨益,我的思想拓展到关于上帝的一些问题。我一度嘲笑的问题现在却让我全神贯注,使我想到上帝的存在,我为自己的渺小而极度不安。

22

在巴门尼德看来,如果某物确实存在,它就不可能发生变化("凡是存在着的事物,必然存在")。它不可能在同一时间、以同一方式,既**存在**,又**不存在**。如果它是变化(becoming),它就不可能是存在。如果它不是存在,它就是无(nothing)。它要么确实**存在**,要么根本不存在。

这就提出一个终极性的哲学问题:为什么有物存在,而非一无所有呢?如果真的有物存在,那么存在必然存在,因为如果没有存在,任何事物都不可能存在。另一方面,巴门尼德懂得"无不能生有"(*Ex nihilo, nihil fit*)的道理。巴门尼德正确地认为,无能生有的思想是荒谬的。很显然,如果曾有一段时间无物存在,那么现在也不会有任何事物存在。

在巴门尼德看来,变化是一种幻觉。变化这个概念本身就是不可思议的;换言之,我们不可能真的想到这个概念。我们不可能想到变化,因为没有可供我们思考的"对象"。如果某物正在发生变化,那么它实际上还不是"它"。要思考变化,我们就必须根据某物还不是的那种东西来思考某物,这显然是不可能的。

对巴门尼德来说,某物不仅不能生于无,某物也不能生于有。* 如果某物生于有,它就已经存在了。由此可见,任何自我创造的观念都是愚蠢的,因为这种观念要求某物在它存在之前就存在,这显然不合逻辑。非矛盾律要求,某物不能在同一时间、同一意义上,既是自己,又不是自己。

很显然,巴门尼德不仅批评了自我创造这一荒谬思想,而且批评了任何形式的创造观念,当然也就间接地批评了基督教的创世说,认识到这一点很重要。尽管基督教的创世说并没有包括荒谬的自我创造说,但是它并非毫无困难。世界是"如何"被创造的,被造物的存在与造物主的存在有哪些区别,诸如此类的问题仍然是无法破解的谜团(使我们感到安慰的是,**谜团**毕竟不是**矛盾**)。

变化问题上出现的这种僵局成为尔后思想家着力解决的一个主要问题,他们试图克服存在与变化的对立。这种僵局曾引发一段时期的怀疑主义,在此期间,有人认为,哲学家对终极实在的追问纯属徒劳,是注定要失败的。

埃利亚的芝诺

埃利亚的芝诺(Zeno of Elea)是巴门尼德的学生,他致力于回应他老师所遭到的批评。以"常识"为论据的批评者认为,人们的五官能够证明外部事物的实在性,外部事物多

---

* 有些学者将"being"译为"有",以便与"无"相对;"有"与"存在"可以互换。——译者注

种多样且不断变化。感官知觉证明，自然事物具有实在性。

　　芝诺力图证明，感觉只能认识**现象**，不能认识**实在**。为了证明感觉很容易欺骗我们，芝诺提出四种论证或悖论。多元论者声称，世界是可分的，是由分立的个体组成的；为了回应这一论断，芝诺以跑道为例展开论证：要想跑一圈，赛跑者必须在有限的时段内经过无限的赛点。赛跑者首先必须到达赛程的中点。到达中点之前，他必须首先到达起点与中点的中点，如此不断分解，以至无穷，赛跑者绝不会到达终点。

　　第二个悖论谈的是阿基里斯与乌龟赛跑：为了给行动迟缓的乌龟一个获胜的机会，阿基里斯让它先跑。要想战胜乌龟，阿基里斯必须首先赶上它。当阿基里斯到达乌龟的起点时（乌龟先跑），乌龟已经跑到前面了。这个过程会一直继续下去，因此阿基里斯总是在追赶乌龟，却又总是赶不上。

　　第三个悖论与射手和弓箭有关：一支飞行的箭必须占有与它长度相等的一段空间。但是一支箭要想占有与它长度相等的一段空间，它就必须在那个时间段处于静止状态。既然这支箭始终占有与它长度相等的一段空间，那么它必定始终处于静止状态。因此弓箭的"运动"是一种幻觉。

　　第四个悖论与前三者相似，它以类似于我们现在所用的一些词汇来论证运动的相似性，进而说明运动并没有一个明确的定义。

恩培多克勒

芝诺关于物质与运动的怀疑主义受到西西里哲学家恩培多克勒(Empedocles)的质疑。恩培多克勒认为,运动的实在性(以及变化的实在性,因为变化是运动的一种形式)显而易见,毋庸置疑。他认为,问题就出在巴门尼德的一元论,于是他以多元论哲学来反击一元论。他的多元论是唯物的,主张实在由永恒不变的微粒组成。这些微粒包含"存在",永恒不变。由这些微粒组成的事物却会发生变化,因为它们的组成部分会发生变化。恩培多克勒确定了四种基本元素:土、气、火、水(这使后来的思想家开始寻找一种超验的元素,即所谓的"第五种元素",以统一此四者,于是他们创造出一个新词"以太"[quintessence])。在恩培多克勒看来,自然界存在一些相等却相反的力,它们既相互吸引,又相互排斥;我们可以用这些力来解释运动与变化。他称

25　这些力为爱与恨,或和谐与冲突。和谐的主导原则是爱,爱"维持着世界万物的存在"。

阿那克萨哥拉

阿那克萨哥拉(Anaxagoras)对前苏格拉底哲学的主要贡献在于,他改进了物质多元论。他认为,物质世界由名为"种子"或 *spermata* 的永恒个体组成。阿那克萨哥拉的独特之处在于,他认为实在不仅由物质组成,而且由心灵组成。在寻找一条能够赋予物质世界的种子以秩序与和谐的理性原则时,他提出了"努斯"(*nous*)这个概念。在希腊语中,

表 1.2　早期哲人

	时　期	生卒年（约）	出生地	主要居住地	主要著作
泰勒斯	前 6 世纪			小亚细亚的米利都	
毕达哥拉斯	前 6 世纪	前 570—前 497	萨摩斯	意大利的克鲁顿	
赫拉克利特	前 6—前 5 世纪	前 540—前 480		小亚细亚的以弗所	《论自然》
巴门尼德	前 5 世纪			意大利的埃利亚	《真理之路与表象之路》
芝诺	前 5 世纪			意大利的埃利亚	书名未知
恩培多克勒	前 5 世纪	前 495—前 435	西西里的阿克拉加	西西里的阿克拉加	《论自然》《论净化》
阿那克萨哥拉	前 5 世纪	前 500—前 428	小亚细亚的克拉左美奈	雅典	书名未知

　　"努斯"的意思是"心灵"，这是英语中的形容词"noetic"的词源，意思是"与心灵有关的"。但是阿那克萨哥拉没有把有位格的创造者、宇宙的主宰一类的思想赋予努斯这个概念。他的这个概念很抽象，它是一种没有位格的力量，是实在的目的论（有目的的）原则。

　　前苏格拉底哲学还包括德谟克利特的朴素原子论与古希腊的怀疑论。下一章将讨论怀疑主义对柏拉图的伟大导师苏格拉底的影响。

26

第 2 章　作为实在论者与观念论者的柏拉图

　　要理解柏拉图的历史地位,必须首先理解其导师苏格拉底对他的影响。苏格拉底没有留下任何文字材料,但是他常常在柏拉图的《对话集》(*Dialogues*)[1]中扮演主角,以圣人的身份出现,因此我们很难判断,苏格拉底的讲话何时结束,柏拉图的讲话何时开始。

　　"雅典的牛虻"苏格拉底生于公元前 470 年,他成长的时期正值希腊文化的黄金时代——这个时代见证了欧里庇得斯(Euripides)与索福克勒斯(Sophocles)的文学天赋,伯利克里(Pericles)的政治才干以及帕特农神庙的建筑成就。对波斯的战争已经结束,凯旋的雅典成为重要的海上大国。

　　然而,雅典的黄金时代好景不长。伯利克里的横征暴敛使黄金时代的光辉日渐黯淡。这是公元前 431 年爆发的伯罗奔尼撒战争的导火索。公元前 404 年,战争以雅典的惨败而告终。与此同时,教育、经济、法律以及公共事务的严重政治化导致实体思维与公民道德开始滑坡,此二者乃民主事业之大敌,因为民主政治兴旺发达的基础是妥协和道德标准的相对化。犬儒主义与怀疑主义使一度辉煌的希腊文化元气大伤。古人对 *archē* 或终极实在的追问让位于新的怀疑主义与实用主义。公元前 5 世纪出现的智者正是这种新精神的体现。

诡辩术

"诡辩术"(sophistry)、"幼稚而自大的"(sophomoric),以及贬义的"矫揉造作"(sophisticated)这三个词均源自古代的智者(Sophists)。这个智者运动有三个最著名的领袖:高尔吉亚(Gorgias)、普罗泰戈拉(Protagoras)和特拉西马库斯(Thrasymachus)。

高尔吉亚的名气在于,他提出了极端怀疑论。他不理睬哲学,却教授修辞学。修辞学的主要目的是传授公开演说时能够说服听众的艺术。其目的不是宣扬真理,而是以说服为手段,实现某种实用的目的。这种意义上的修辞学在古代所起的作用,相当于麦迪逊大道(Madison Avenue)现在所起的作用。

高尔吉亚不承认任何真理。他说:"所有的陈述都是假的。"如果所有的陈述都是假的,那么"所有的陈述都是假的"这个陈述也是假的,换言之,至少某些陈述是真的,可是他好像并不在意这一点。现代的相对主义者断言,绝对的事物(absolutes)是不存在的(只有"绝对的事物是不存在的"这一绝对陈述是个例外!），高尔吉亚的观点与此论调如出一辙。他把他的基本原则建立在无物存在这一假定之上。他还两面下注，他说即使某物存在，它也是不可认识、不可理解的。他声称，即使某物存在，又是可知的，它仍然是不可言传的。

高尔吉亚与其他一些人的观点把苏格拉底从教条主义睡梦中唤醒，恰如几个世纪之后，大卫·休谟（David Hume）的怀疑主义将唤醒睡梦中的伊曼努尔·康德（Immanuel Kant）。苏格拉底认识到，真理的死亡意味着道德的死亡，道德的死亡意味着文明的死亡。没有真理与道德，唯一可能的结局就是回归野蛮。

特拉西马库斯是柏拉图《理想国》（*The Republic*）[2]中的一个配角，批评人们探求正义的智者。依照特拉西马库斯看来，认识到恶行必有恶报的非正义者，必然是一个智慧超群的卓越人物，而绝非一个不道德之人。特拉西马库斯在这里先行提出了弗里德里希·尼采（Friedrich Nietzsche）的"超人"（*Übermensch*/superman）概念。特拉西马库斯说，正义是缺乏自我彰显意志的头脑平庸者提出的概念。那些真正成为大师的人，必然主张非正义（injustice）。这是纯粹的"强权即公理"的哲学，是野蛮人的哲学。早在卡尔·马克思（Karl Marx）之前，特拉西马库斯已经认识到，法律不过是统治阶级既得利益的反映。

普罗泰戈拉很可能是雅典最有影响的智者，现代历史学家常常称他为"古代人文主义之父"。他的著名格言是："人是万物的尺度"（*Homo mensura*），是存在者存在的尺度，也是不存在者不存在的尺度。

从圣经的角度看,最早的人文主义者这一尊称当然不能归诸普罗泰戈拉。事实上,这个称呼不是给人的,而是给一条蛇的,这条蛇的格言是"你会变得和上帝一样"(创3:4)。

对普罗泰戈拉来说,人是知识的出发点与归宿。人的全部知识受制于我们的知觉,而每个人的知觉又各不相同。客观真理既不可能又不可取。说到底(假如有这样一种底限),现象与实在没有任何明显区别。知觉即实在。因此某物在这个人看来是对的,在那个人看来就是错的。

就个人爱好而言,这自然是对的。我喜欢巧克力冰激凌,你却喜欢香草冰激凌。但是普罗泰戈拉超越了主观爱好的界限,把全部实在都归结为个人爱好。这就使自然科学知识成为明显的不可能之事,因为能够区分真理与错误的那些标准或尺度都不复存在了。如果你愿意相信2+2等于5,那么对你来说,2+2就等于5。

表 2.1 智者

30

	时期	生卒年(约)	出生地	主要居住地	主要著作
高尔吉亚	前5世纪		西西里的列昂提尼	雅典	《论非存在》
特拉西马库斯	前5世纪		希腊		参见柏拉图《理想国》第1卷
普罗泰戈拉	前5世纪	前490—前420	阿卜杜拉		参见柏拉图《普罗泰戈拉篇》

普罗泰戈拉认为,伦理学仅仅涉及个人爱好。道德准则只能表达习俗或惯例,从未有真正的对错之分。善恶之分建立在特定社会的特定好恶之上。罗马人塞涅卡(Seneca)也许会说,恶一旦成为社会习俗或公认的惯例,消除它就几乎成了不可能的事情。

普罗泰戈拉以同样的态度对待形而上学与神学。他承认有些人"喜爱"宗教,对他们来说,这是天经地义的,但是他坚持认为:"关于神祇,我无法知道它们是否存在,也不知道它们是何模样;因为妨碍我们了解的因素很多:比如主题不清、人生短促。"

苏格拉底

苏格拉底就生活在这样一个诡辩论猖獗的时代。苏格拉底既不愿放弃对真理的追求,也没有袖手旁观,眼看着文明的大厦倾覆。有人认为,苏格拉底是他那个时代西方文明的救主。他清楚地意识到,知识与道德不可分——我们甚至可以把道德界定为正确的知识。正确的思想与正确的行为可以相互区别,但是绝对不可分割。

对苏格拉底来说,探索真理的方法就是对话。在柏拉图早期的对话中,苏格拉底是故事的主角。这些对话所描述的那个人是具有真实性和历史性的苏格拉底,或者只是受人喜爱的、柏拉图借以表达他自己思想的一个人物,对此各路学者众说纷纭。无论哪种情况,苏格拉底确实发明了所谓的"苏格拉底问答法",对此很少有人质疑。

苏格拉底认识真理的方法是,提出有争议的问题。每一个问题不断深化,问题的实质逐渐显现,于是基本的假设受到怀疑。苏格拉底坚信,要想获得知识,人们必须首先承认自己的无知。这种承认是知识的起点,绝不是知识的目的或终点。这是求知的必要条件。与怀疑论者不同,在苏格拉底看来,通过学习,人们就可以掌握知识。

苏格拉底坚持不懈地寻找清晰的定义,就真正的知识与清楚的交流而言,这是不可或缺的。举例来说,他认为像正义这样的事物是存在的,尽管我们很难给它下一个准确的定义。早在启蒙运动之前,苏格拉底已经开始使用一种分析法,他用这种方法来探索事实的逻辑。在他看来,穷究事实之后,剩下的便是逻辑。他说:“玫瑰凋谢之后,美依然如故。”他寻找的是共相(universal,普遍概念),共相来自对殊相(particular,具体事物)的研究。

苏格拉底是哲学事业的殉道士。他不停地质问雅典人有关道德与习俗的一些问题,使他们对他产生了怀疑。特别值得注意的是,他对年轻贵族的行为常常提出质疑。苏格拉底的一个学生奥西比阿德(Alcibiades),向斯巴达人泄露雅典的秘密。结果,苏格拉底被当作叛徒的导师告上法庭。他的罪状是不崇拜保护国家的那些神灵,倡导怪异的宗教信仰,腐蚀雅典青年。起诉人要求判处苏格拉底死刑。苏格拉底没有接受逃跑的妥协方案,而是选择了服毒的死刑。柏拉图的对话《斐多篇》(*Phaedo*)[3]生动地记述了他临刑前的一幕。

32

苏格拉底的学生柏拉图

公元前428年,柏拉图出生于雅典,八十岁时谢世。一种说法认为,他这个名字的意思是"宽阔的肩膀",这是他年轻的时候人们给他起的一个绰号,因为那时他是一个出色的摔跤手。认识苏格拉底之前,柏拉图对诗歌有浓厚的兴趣,这种兴趣一直未减,甚至在他后期的对话中也随处可见。二十多岁的时候,他跟随苏格拉底学习。老师逝世之后,柏拉图离开雅典,开始周游世界,在这个过程中,他结识了几位毕达哥拉斯学派的人士。据说他在西西里岛的时候曾被绑架,在奴隶市场上被卖了,后来被朋友赎回,终于重返雅典。四十岁时,他创立了学园(Academy),这使他闻名于世。

柏拉图的父亲是早期雅典诸王的后裔,属于雅典贵族。柏拉图在雅典郊外获得一片土地,捐助者名叫阿卡德米(Academia),学园由此得名。柏拉图学园建在一个长有橄榄树的小树林中,此即"学术世界"(the groves of Academe)这个短语的由来。

学园大门的上方有一方横匾,上面写着"不懂几何学者不得入内"。对现在的人来说,这个牌匾的意思是,这所学校只教数学。然而柏拉图的主要兴趣是哲学。哲学与几何学的联系在于:数学与哲学都可被看作**形式的**科学(与形式或本质相关),与物理的或**物质的**科学不同。柏拉图对数学以及数学与抽象形式的关系,始终具有浓厚的兴趣,这个问题是他思想的核心。

　　柏拉图的哲学理论错综复杂,其核心是"拯救现象"。"现象"是指那些显而易见的或感官能够把握的事物。简单地说,科学旨在解释实在。当科学为被观察的实在找到更准确、更全面的解释时,科学的范式就会发生变化。因此"拯救现象"就是要建立一种理论,它可以用最少的异常来解释实在。异常现象就是不符合已知的模式、不能由现有的模式或范式来解释的一种现象;如果异常现象已经变得相当严重,其数量已经相当可观,原来的范式就不得不发生变化。柏拉图"拯救现象"的热情有助于我们为科学构筑一种哲学的基础。

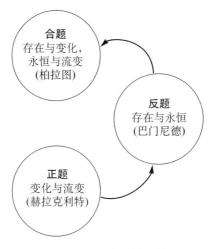

图 2.1　柏拉图的合题

　　柏拉图的范式旨在解决巴门尼德与赫拉克利特之间的冲突,流变与永恒之间的冲突,变化与存在之间的冲突。借用后来黑格尔辩证法的一些术语,我们可以说,赫拉克利特

34

的思想(变化与流变)是正题,巴门尼德的思想(存在与永恒)是反题;柏拉图则找到一个合题,这个合题既能解释变化,又能解释永恒,还能把存在与变化作为辩证运动的两个极端而融为一体,要想全面地理解实在,这种辩证运动似乎是不可或缺的。

理念论

柏拉图既是实在论者(realist),又是观念论者(idealist),这种说法常常使学生如坠云雾之中。在现在的术语中,这两者通常被用作反义词。理想主义者往往过分乐观地看待世界,忽视现实还有严酷的一面。与此相反,现实主义者往往用偏见的目光看待崇高的理想,他们所关注的是生活中的瑕疵。*

当我们把**观念论者**与**实在论者**两个术语同时用于柏拉图时,某种不同寻常的论点已然显现。他是观念论者,因为**理念**(Ideas,有一个大写的I)在他的思想中具有举足轻重的意义。他是实在论者,因为他主张,理念不仅是心灵的概念或**名目**(*nomina*),而且是实在的存在物。

柏拉图构想出两个不同的"世界"。理念世界是主要的世界或实在的领域。这个形而上的领域超越于客观事物之上或藏于其后。在柏拉图看来,理念世界不仅是实在的,而

---

* 英语中"idealism"这个词的意思既可以是"观念论""唯心主义",也可以是"理想主义"。同样,"realism"也有"实在论"和"现实主义"的意思。——编者注

且比物质对象的世界"更为实在"。

对柏拉图来说,理念世界才是真知的世界。物质对象的世界仅仅是意见(opinion)的世界。他用一个很有名的类比,即洞穴类比,来说明这个问题。柏拉图在《理想国》中讲了一个虚构的故事:有些人从小一直生活在一个洞穴中,因为他们是囚犯。他们被铁链锁着,不能移动。他们的视力范围仅限于正对着他们的一堵墙。他们的背后是一片高地,人们在那里来来往往,搬运木材、石料以及其他东西。篝火的光把这些人的影子映照在囚犯们能够看到的那堵墙上。囚犯们听到这些人的说话声,还以为这些声音是墙上的影子发出的。事实上,他们对实在的唯一知觉均来自这些影子。

然后柏拉图问:如果把其中的一个囚犯放了,让他朝着篝火的方向走去,可能会发生什么呢?被禁锢了这么多年,他一定觉得,行走是件痛苦的事。明亮的火焰会使他觉得刺眼。观看真实的事物比观看影子难受,所以他倒愿意回到他早已习惯了的那个地方,满足于观看那些熟悉的影子。

假如这个囚犯被带到洞外,进入正午时分的明媚阳光。刺眼的感觉会进一步加剧。不过他很快就会适应这里的光线,看清周围的一切。对他来说,这不啻一种顿悟。然而,如果再让他返回洞穴,把他领悟到的实在解释给其他囚犯,他们一定会奚落他。柏拉图说:"他们一旦逮着这个试图解救他们、还要带领他们走出洞穴的人,他们就会杀掉他。"这也许是在暗指他敬爱的导师苏格拉底的悲惨命运。

35

在柏拉图看来,仅限于物质世界的那种知识,说得再好听,也不过是纯粹的意见;若用最难听的话讲,正所谓无知。教育的任务就是带领人们走出黑暗,进入光明;走出洞穴和影子,进入正午时分的明媚阳光。拉丁语 *educare* 描述的就是这个过程。该词的含义是"带领……走出",因为词根 *ducere* 的意思是"带领"。我们还记得贝尼托·墨索里尼(Benito Mussolini)的头衔 *Il Duce* 的意思是"领袖/带领者"。

36

柏拉图认为,人们生活在两个不同的世界:理念的世界与物质对象的世界。他称物质对象为"接受者"(receptacles)——能够接收或容纳其他东西的东西。物质对象包含着它的理念或形式。形式与物质对象不同。形式乃事物的本质之源。从这种意义上说,物质对象能够分有或模仿其理想的形式。但它最多只能是理想形式的一个摹本,而且是一个不尽完善的摹本。

希腊人认为,所有的自然物天生就不尽完美,他们对形式与物质、理念与接受者的关系的认识,集中体现了这一点,这种观点必然要贬低自然事物。对自然实在的这种消极态度影响了许多基督教神学家。

回忆说

柏拉图的本体论(ontology,关于存在的本质的理论)对其认识论(epistemology,关于认识的本质的理论)具有重要影响。回忆说(theory of recollection)常常被称为回想说(theory of reminiscence)。回忆或回想都与再次想起或唤起某种记忆有关。

为了理解这种观点,我们首先要问:当你想到椅子时,进入你脑海的是什么样的理念或概念呢?是木质的梯式靠背椅,还是金属折叠椅?是加有厚软垫的沙发椅,还是摇椅?这仅仅是我们称之为"椅子"的那种东西的众多实例当中的少数几个。

我们该如何界定椅子的共同特征或"本质"呢?能否简单地说,椅子就是"你能坐在上面的一种东西呢"?这肯定是不够的。有些东西我们能坐在上面,但是并不称之为椅子。椅子与沙发不同,与长条凳不同,也与脚凳不同。我们可以说椅子有四条腿,但是有些椅子不足四条腿,有些椅子的腿超过四条,而摇椅一条腿都没有。

柏拉图有时认为,准确地界定事物是很困难的。在为人寻找准确定义时,他暂时把人定义为"无毛的两足动物"。这时,藏在墙后面的一个学生从墙上扔过来一只拔了毛的鸡,鸡身上有一标签,上面写着"这就是柏拉图所谓的人"几个字。

柏拉图认为,理念世界中的确存在关于椅子或椅子的"本质"的完美理念。我们的灵魂来自理念世界,早已具备理想的椅子的知识。我们的身体使这种知识变得模糊不清,却没有彻底消灭这种知识,因此身体是灵魂的监狱。身体是因禁灵魂或心灵的洞穴。我们在物质世界感知到的那些椅子,是真实、理想的椅子的影子或不尽完善的摹本。我们之所以把椅子当作椅子,是因为它们与我们的心灵本来就有的椅子的完美理念相似。

我们会立刻想到联邦最高法院试图定义色情文学的那种努力。一位法官说："我不能给色情文学下定义，可是一看见那种东西，我就能认出它来。"我们同样可以说，我们不能给椅子下一个准确的或详尽的定义，但是一看见那种东西，我们就能把它认出来。柏拉图也许会做出这样的解释：具体的椅子是理想的椅子或椅子理念的一个接收者或不尽完善的摹本，与具体椅子的接触会促使我们想到椅子的完美理念。因此我们称之为椅子。

柏拉图在好几篇对话中都谈到这个问题。在《美诺篇》(*Meno*)[4]里，苏格拉底诱导一个没有受过教育的小奴隶，清楚地说出了毕达哥拉斯定理。通过问这个孩子适当的问题，苏格拉底帮助他从灵魂或心灵的最深处，回忆起了这种形式真理。

在柏拉图看来，知识不是来自经验（不是后天的［*a posteriori*］），而是来自理性（是先天的［*a priori*］）。终极的理念是心灵本来就有的，而不是从经验中发掘出来的。感觉最大的作用莫过于唤醒意识，让意识了解它已经掌握的那些知识。感觉最不好的作用是误导心灵。教学是一种助产术，在教学过程中，老师只能帮助学生理解早已存在于他心灵之中的那种思想。

柏拉图强调心灵的作用。难怪他要立起那样一块牌子："不懂几何学者不得入内"。在柏拉图看来，心灵或灵魂可以分为三个部分：理性、精神与欲望。理性能够认识价值观念或生活目标。精神能够按照理性的命令采取行动。欲望的对象是自然事物。如果精神与欲望互相对立，我们就会经历道德的冲突。它们仿佛两匹骏马，会把我们带往截然不同的方向。思辨理性是善良的或道德的生活的主宰。

真正的哲学家不应该满足于经验知识或感性知识，因为这不是理想的知识，而是关于影子或意见的知识——是洞穴里的"知识"。真正的哲学家会努力把握事物的本质，把握事物的理念。因此哲学家可以超越诡辩论的浅薄与唯物论的怀疑。他要探求普遍概念，他并不满足于简单地罗列具体事物。一旦认识到某个具体事物是美的或合乎道德的，他就会超越这个具体事物，揭示美与道德的真正本质。某物之所以是善的，正是因为它分有或模仿了善的完美理念，这是柏拉图思想的精髓。

从柏拉图开始，哲学一直在艰难地探索观念的形而上学意义问题，以及形式与物质、心灵与感觉的关系问题。

第3章 "大哲学家"亚里士多德

 每当哲学系的学生提到"大哲学家"（the philosopher）时，同学们都知道，这指的是亚里士多德，这绝非偶然现象。亚里士多德学识渊博，思想深刻，所以赢得"大哲学家"的美誉。他教学的范围很宽，涉及许多学科，如逻辑学、修辞学、诗学、伦理学、生物学、物理学、天文学、政治理论、经济学、美学，以及解剖学——形而上的哲学当然也是其中之一。

 公元前384年，亚里士多德出生于色雷斯（Thrace）。他父亲是马其顿国王的御医。十七岁时，亚里士多德去了雅典。他加入柏拉图学园，在那里学习了二十年之久。在柏拉图的指导下，亚里士多德成为一名出类拔萃的学生，这大概也引起了其他同学对他的嫉妒、仇视。他虽然是柏拉图学园最著名的毕业生，却两次落选柏拉图继任者的位置，这也许使他成为历史上第一个学术政治的牺牲品。

 大约在公元前347年，亚里士多德离开雅典，去了特洛伊附近的阿索斯（Assos）。他在阿索斯王宫里住了三年，娶了国王的养女。亚里士多德与他妻子返回雅典之后,妻子就死了。他后来又娶了一个名叫赫菲丽(Herphylis)的女人,他们生有一子,取名尼各马可(《尼各马可伦理学》[*Nicomachean Ethics*][1]由此得名)。

公元前342年,国王菲利浦二世把亚里士多德请到马其顿王国,任命他为皇子亚历山大的家庭教师。这种关系在不远的将来对地中海世界产生了重大影响,不仅如此,从整个历史来看,这种关系对西方文化也产生了深远的影响。亚里士多德的这个优秀学生脱颖而出,但不是作为哲学家,而是军事领袖。亚历山大大帝从老师那里学到了对统一性的热爱。他进行军事征服,很大程度上是为了在古代世界建立统一的文化——由一种共同的语言,即希腊语,统一起来的文化。希腊化的过程一直扩展到巴勒斯坦,因此写作新约所用的语言是希腊语,而不是希伯来语或拉丁语。

亚历山大也热衷于获得知识。有人认为,在美国实施现代航天计划之前,由政府组织的资金最为充足的科学考察活动,就与亚历山大的军事远征有关。一队真正的科学家与保护他们的士兵一道跋山涉水,他们的目标很明确:收集动植物标本,然后进行分类研究。

公元前334年,亚里士多德回到雅典,建立了自己的学校,取名为吕克昂学园(Lyceum)。校园里有一条绿树成荫的走廊,即"Peripatos"。亚里士多德常常在这条走廊上一边散步一边给跟在他后面的学生们上课。这种教学法为吕克昂学园赢得"逍遥学派"(the peripatetic school)的美誉。这种一边散步一边教学的方法,为后来许多人所效仿,最有名的例子是拿撒勒的耶稣,他的信徒(或学生)们实际上也是"跟在他后面"学习。

亚里士多德主持吕克昂学园的工作达十三年之久,在此期间,他主要从事科学研究与写作——他著作等身。公元前 323 年,亚历山大大帝逝世,此后便出现了一种强烈的反马其顿情绪,亚里士多德后来也受到牵连,因为他教过亚历山大。与以前的苏格拉底一样,亚里士多德也被指控为亵渎神灵。他逃到夏雷(Chaleis),大约一年以后与世长辞。

41 ## 逻辑学

一听到亚里士多德这个名字,我们首先会想到"亚里士多德逻辑学"。亚里士多德之后,一系列逻辑理论得到改进和完善,但是形式逻辑的基础却是由亚里士多德奠定的。

亚里士多德没有发明逻辑,正如哥伦布(Columbus)没有"发明"美洲。亚里士多德所做的是给逻辑下定义,提出逻辑的基本原则。从某种意义上说,亚里士多德并没有把逻辑看作具有自己的研究领域的一门独立学科,像植物学、物理学、化学以及许多其他学科那样。毋宁说,他把逻辑看作所有其他学科的**工具**(organon)。

对所有其他学科来说,逻辑是它们最为重要的必不可少的工具。它甚至是科学能够产生的必要条件。这是因为逻辑是可理解对话的必要组成部分。不合逻辑的东西是无法理解的;不仅人们不能理解这种东西,它本来就是不可理解的。不合逻辑的东西代表无序（chaos），而不是有序（cosmos）。绝对的无序是不可能被按照某种规律认识的，它会使知识（*scientia*）成为绝对不可能的事。

逻辑本身没有具体内容，就此而言，它可被看作一门**形式的**科学，很像数学，因为从某些方面看，数学是一种数理逻辑。逻辑检验或分析陈述与陈述或命题与命题之间的关系。它能说明某个三段论的结论是否有效，但是它不能决定一种结论或论证的真实性。论证没有真实、虚假之分，只有有效、无效之分。**陈述**可能是真实的，也可能是虚假的，但是一个陈述与另一个陈述之间的逻辑关系可能是有效的，也可能是无效的。

亚里士多德的著作讨论了逻辑的一些基本原则，"非矛盾律"是其中之一。逻辑的主要原则就是不矛盾律：某物不可能在同一时间、同一种意义上或关系中，既**是**它自己，又**不是**它自己。A 不可能在同一时间、同一种关系中，既是 A，又是-A（非 A）。我们可以断定（肯定或否定）同一主语拥有多个谓语，但是我们无法断言以否定一个主语的本身所是。举例来说，我们可以说某人个子很高或不高，有钱或没钱，是老人或是年轻人，是一个兄弟、儿子或父亲，但是我们不能说，这个人不是人。按照这个道理，我们可以说他既是一位父亲，同时又是一个儿子，但是我们不能根据同一种关系来谈论刚才这种情况。与讽刺小调《我是我自己的爷爷》相反，我不可能是自己的亲生祖父。

在阐述逻辑的基本规则时，亚里士多德不仅讨论了我们对客观事物的思想,而且讨论了我们所思考的这些事物的存在,认识到这一点至关重要。尽管亚里士多德后来放弃了柏拉图哲学,他却非常重视思维与实在的关系问题。

虽然我们称逻辑为一门"形式的"科学,但是对亚里士多德来说,逻辑绝非只有形式的意义。亚里士多德重视真理问题,其实就是重视实在性的问题,因为二者是不可分割地联系在一起的。希腊语中用来表示真理的单词 *alētheia* 的意思是"真实的事态",当然它还有其他含义。亚里士多德认为,逻辑规则适用于所有学科,因为这些学科适用于所有的实在。

这并不是说,凡是合逻辑的,都是真实的。我们能够设想出一些合乎逻辑、却不符合实在的观念。例如独角兽的观念或概念不是不符合逻辑,但是这种东西事实上并不存在。所有"实在的"东西都是合逻辑的。不合逻辑的东西事实上不可能存在。事实上不可能有一个不是独角兽的独角兽。这并不是说人们从来不会违反非矛盾律,因此他们从来不会进行不符合逻辑的思考。事实上,这种事情屡见不鲜。可是每当我们进行不合逻辑的思考时,我们就会与实在脱节。

举例来说,一个不可移动的物体的观念是完全符合逻辑的;一种不可抗拒的力量的观念也是如此。不符合逻辑的地方在于,一个真实的不可移动的物体的观念与一种真实的不可抗拒的力量的观念同时并存。二者不可能同时并存于真实的世界。为什么?在现实世界中,当一种不可抗

43

拒的力量与一个不可移动的物体相遇时,究竟会发生什么?正如那歌曲作者所言,二者之一必须做出让步。如果那种不可抗拒的力量能够移动那个不可移动的物体,那么那个不可移动的物体实际上就是可移动的。如果它是可移动的,它就不可能在同一时间、在同一种关系中又是不可移动的。另一方面,如果那个不可移动的物体没有移动,那种不可抗拒的力量实际上就是可抗拒的。一种力量不可能在同一时间、同一种关系中既是可抗拒的,又是不可抗拒的。

实在可能包含这样一种**事物**,这种事物就其力量而言既不可移动,又不可抗拒,但是实在不可能包含这样两个东西,**一个**绝对不可移动,**另一个**绝对不可抗拒。

在亚里士多德看来,非矛盾律不仅是思维的规律,而且是存在的规律。事实上,它之所以是思维的规律,正因为它首先是存在的规律。

人们固然可以**说**,"5"这个数既是奇数,又是偶数,但事实上它不可能既是奇数,又是偶数,因为二者相互排斥。我们固然可以**说**它既是奇数,又是偶数,但是我们不可能对此进行有意义的**思考**。

范畴

在阐述我们思考问题的方式时,亚里士多德提出了**范畴**这个概念。这个概念对于理解语言和知识至关重要。知识意味着对现实事物的某种认识。我们给这些事物起名,或者我们用语词来描述它们。思想涉及**语词**。

举例来说,生物学有一个分支,叫动植物分类学,是一门关于分类的科学。生物被分为界、门、纲、目、科、属、种。我们把动物界与植物界区分开。我们把动物界进一步分为哺乳动物与爬行动物、脊椎动物与无脊椎动物。这个分类过程主要记录两个方面的内容:相似性与差异性。我们把相似的事物归为一类,又按它们的差异将它们区分开。我们把鸟归为一类,因为它们都有羽毛与翅膀;我们把鱼分为一类,因为它们都有鳍与鳃。但是并非所有的鸟都是啄木鸟,并非所有的鱼都是鲤鱼。

分类学不仅对生物学,而且对所有科学都有至关重要的意义,因为它对所有知识起着决定性的作用。它对所有知识起着决定性的作用,因为它对所有语言具有至关重要的意义。知识以语言为基础,语言使知识成为可以理解的。任何有意义的语词都是相似性与差异性这两种属性的反映。一个无所不包的单词实际上一无所指。要想成为一个有意义的单词,它就必须既要有所肯定,又要有所否定。它必须说明它是什么,却无须说明它不是什么。从这种意义上说,所有科学都是分类学,因为分类学包含具体的思想内容,这些内容区别于其他具体的思想内容。知识越复杂多样,科学就越精密。幸亏医生能够区分消化不良引起的胃疼与胃癌引起的胃疼,因为它们的治疗方法迥然不同。

当我们思考某物时,我们想到的是主语和它们的谓语(那些事物可以被这些词语肯定或否定)。亚里士多德的范畴论旨在说明这个道理。在他看来,范畴是指可被用来描述个别实体属性的观念。这些范畴包括**量、质、关系、地点、时间、姿势、状态、动作、受动性**。举例来说,我们可以提出这样一个陈述:某人身高六英尺。**某人**是我们正在描述的**实体**。谓语"身高六英尺"告诉我们一些与他有关的**数量**。如果我们说他个子不高或很有天赋,我们就是在谈论他所具有的某种**性质**。如果我们说他现在在迈阿密,我们就是在说他现在所处的**地点**或位置。

45

亚里士多德认为,这九个范畴涉及某物可能包含的全部谓语。它们都能附加在动词"是"之上表达一些可能的含义。对亚里士多德来说,第十个(或第一个)范畴是实体。如果我说"苏格拉底是人",我就是在描述苏格拉底的实体本身。任何实在必然拥有某种实体,否则它什么也不是。实体是本质性的实在。智者反对非矛盾律,他们宣称同一事物既可以是人,也可以是鼠,意思是说,同一事物在同一时间、同一关系中既可以是人,又可以是非人。亚里士多德说,这是荒谬的。反对不矛盾律的那些人,必然也会否认客观实在。

亚里士多德认为,事物由实体及其谓语组成,他也称谓语为**偶然属性**(*accidens*)。事物的主要范畴是它的实体,这是它的本质属性。有些人高,有些人矮。有些人胖,有些人瘦。有些人富,有些人穷。但他们都是人。人性是他们共有的普遍本质。尽管人们的具体属性或范畴各不相同,他们却有一个共同的基质（substratum），即人性。这个实体（*sub*stance）*"支撑"着它的所有属性。

亚里士多德的语言被基督教教会用来阐述许多神学概念。以"变质"（transubstantiation）这个术语为例。罗马天主教用这个术语来阐释作弥撒时所发生的神迹。亚里士多德区分了事物的实体及其偶然属性。实体是事物的本质属性，事物的偶然属性是指其外在的可以感知的一些属性。橡树的偶然属性是指它的高度与硬度，因为这些偶然属性是与橡树的实体联系在一起的。变质说认为，作弥撒时，饼与酒的实体神奇地化作另外一种实体，即基督的身体与血，饼与酒的偶然属性却保持不变。这种处理包含双重神迹。一方面，基督的身体与血的实体确实存在，而基督的身体与血的**偶然属性**却**不存在**。另一方面，饼与酒的偶然属性是存在的，而饼与酒的**实体**却**不存在**。这就是饼与酒看上去仍然是饼与酒，吃起来仍然是饼与酒，摸上去也仍然是饼与酒的缘故。

虽然亚里士多德的语言被用于阐述变质说，但是这个教义明显背离了他的哲学思想。亚里士多德承认事物的实体与偶然属性的区别，却不承认二者是可以分离的（变质说主张二者的分离）。他认为，事物的偶然属性是由它的实体产生或引发的。橡树能够长出橡果，因为橡果是橡

---

* "Sub-"在词源中有"……之下"的意思，实体有同于某物的基础。——编者注

树实体的偶然属性的组成部分。橡果的存在意味着橡树的存在,却不意味着大象的存在,因为大象的实体不能产生橡果的偶然属性。因此事物的实体是其偶然属性的本原。罗马天主教当然理解亚里士多德的这个论点,所以它认为,只有通过神迹,才能超越实体与偶然属性的自然联系。

形式与质料

亚里士多德的形式理论是他摆脱柏拉图哲学的最重要的标志。亚里士多德不满意柏拉图对赫拉克利特与巴门尼德、存在与变化所作的综合。为了说明存在与变化、永恒与变异,柏拉图设定了两个不同的世界——理念的世界与接受者的世界。结果他的哲学成了名副其实的二元论。亚里士多德对统一性的追求促使他与柏拉图决裂,着手建设自己的形而上学理论。

47

亚里士多德认为,所有实体都是形式**与**质料的结合。我们从未见过没有质料的形式或没有形式的质料。离开质料,形式或理念不能独立存在。形式或理念能够独立自存的理想境界是不存在的。

亚里士多德并不是说,形式或理念没有实在性。普遍概念不是仅由心灵想像出来的纯粹的范畴,或主观的观念、名目。形式具有实在性,它们存在于个体事物之中。人性的形式事实上存在于每一个人之中。大象的形式存在于每一头大象之中。

亚里士多德解释说,事物的形式——他所谓的"目的性原理"(entelechy)*——决定其特有的质料。人类表现出人的特征,因为他们包含着人的形式或目的性原理。目的性原理是一种有目的的力量或原则,它使某物成为它所是的那种事物。橡果不会长成一头大象,因为它们包含着橡树的目的性原理,却不包含大象的目的性原理。

变异的领域即变化之境界。所有变化都代表一种运动。变化者从一物转化为另一物。这未必会引起位置的变化。举例来说,生殖与衰退是运动变化的过程。老化同样是一个运动变化的过程。某物要从一个地方运动到另一个地方、从一种状态转化为另一种状态,必须有某种东西引起这种变化。变化过程以因果作用为条件。

48　四因说

亚里士多德设定四种不同的能够引起事物变化的原因。它们是(1)形式因,它决定事物究竟是什么;(2)质料因,它是构成事物的**材料**;(3)动力因,它是事物得以产生的**推动力**;(4)目的因,它是事物之所以出现的**原因**或目的。

举例来说,雕刻一座塑像的原因是什么?其形式因是艺术家脑海中雕刻一座塑像的理念或计划。其质料因是用来雕刻塑像的那块大理石。其动力因是能够把大理石雕刻

---

* 又译"隐德来希",有"实现潜能"的意涵。——译者注

成为塑像的雕刻家。其目的因很可能是装饰某人的房子或花园。

表 3.1 四因说

	定 义	举例说明
形式因	决定事物究竟是什么	雕刻家对雕刻作品的观念或计划
质料因	构成事物的**材料**	大理石
动力因	事物得以产生的**推动力**	雕刻家
目的因	事物之所以出现的**原因**或目的	装饰房子或花园

变化不是在没有形式的质料与没有质料的形式结合时产生的。毋宁说变化总是发生在已经成为形式与质料的结合体之中,它们已被转化为某种新的或不同的事物。画家创作伟大作品不是凭空捏造。相反,他在事先存在的一块画布上配置颜料,根据画作的需要搭配颜色。

在亚里士多德看来,变化的动力与**潜能**和**现实**这两个概念有关。一棵橡树始于一粒橡果。橡果事实上还不是一棵橡树,但是它有变成一棵橡树的潜能。当它事实上变成一棵橡树时,这种潜能就实现了。除非某物一开始就包含现实性,否则它不会具有任何潜能。现实性居于优先地位,它是潜在性的必要条件。根本没有纯粹的或绝对的潜在性。这样的"事物"可能潜在地是某种事物或任何事物,但事实上它什么都不是。

不过亚里士多德认为,可能存在、事实上也必然存在某种包含纯粹的或绝对的现实性的事物。这就是亚里士多德所谓的"上帝"或"纯粹的存在"之观念。纯粹而绝对的现实之物的存在,不包含任何尚未实现的潜能。它不可能变化、生长或转化。一种没有任何潜在性而只有纯粹现实性的存在,绝不会发生任何运动,因为它不会发生任何变化。这个概念就是亚里士多德所谓的"不动的推动者"。

不动的推动者

在亚里士多德看来,运动的最终原因必然在纯粹的存在或纯粹的现实性之中。它必然是永恒的、非物质的、不变的。不动的推动者不仅仅是一系列推动者或原因的第一因。亚里士多德已经认识到,如果不动的推动者仅仅是第一个推动者,这就意味着它是由其他事物推动的。同样的道理,如果不动的推动者是第一因,这就意味着它是由其他事物引起的。

亚里士多德知道,要想摆脱无限倒退的逻辑困境,运动的终极原因就必须是一种没有原因的原因或一个不动的推动者。现实性必然**先于**潜在性,一如存在必然先于变化。因此从逻辑的必然性看,存在先于变化。传统观念所谓上帝的存在具有逻辑必然性,正是起源于这一古代思想。后来的哲学神学(philosophical theology)扩充了这一思想,认为"上帝"不仅在逻辑上是必然的,而且从本体论的角度看,他也是**必然存在物**(*ens necessarium*)。这就是说,纯粹的存在本身就包含着存在的权能。它是独立自存的,不可能**不**

存在。

亚里士多德所谓的上帝还没有上升到犹太教–基督教的上帝那样的高度。它仍然是一种没有位格的力量。亚里士多德哲学中没有创世说。毋宁说不动的推动者是永恒质料的最高形式,它推动世界万物不是靠强力,而是靠吸引力,一如光线吸引飞蛾。这种吸引力也就是"推动"世界万物的动力因。而不动的推动者是"目的因",它指引世界万物去实现它们各自的目的,这是它们的最终目的。最高层面的思想不会思考世界,也不会对这个世界施加有智慧的护理。它是思考自身的纯粹的思想。

亚里士多德所理解的上帝确实影响了后来托马斯·阿奎那(Thomas Aquinas)的思想,但是如果我们在亚里士多德的上帝与阿奎那的上帝之间划等号,就会铸成大错。

威尔·杜兰特(Will Durant)曾把亚里士多德不动的推动者比作英国国王。杜兰特说,亚里士多德的上帝仿佛一个"无所事事的国王",他"施行统治……却又不管事"。[2]

第 4 章　恩典博士奥古斯丁

　　如果说苏格拉底、柏拉图、亚里士多德"挽救"了西方文化,使之没有堕落为野蛮状态,那么我们可以说,基督教和基督教哲学的出现具有同样的积极意义。

　　亚里士多德逝世后,希腊的黄金时代渐趋黯淡,随着后来哲学思想的发展,这个黄金时代很快就变得锈迹斑斑。正如赫拉克利特与巴门尼德的形而上学对峙导致了怀疑主义与诡辩主义的出现,柏拉图与亚里士多德的对峙导致了新的哲学怀疑主义思潮的兴起。

　　新约提到名字的两个哲学派别是斯多葛派(Stoics)与伊壁鸠鲁派(Epicureans),使徒保罗在雅典的亚略巴古见过他们(徒 17:18)。斯多葛派与伊壁鸠鲁派是两个敌对的哲学派别,它们出现的时间基本相同,大约在公元前 300 年。斯多葛派的创立者是芝诺,伊壁鸠鲁派的创立者是伊壁鸠鲁。

　　虽然这两个哲学派别都没有陷入亚里士多德之后蓬勃

兴起的怀疑主义,但是它们关注的焦点及其强调的重点,明显地偏离了形而上学对终极实在的追问。

斯多葛派

斯多葛派提出一种唯物主义的宇宙论。他们强调赫拉克利特的观点,认为具有创造力的火主宰着世界万物,火即 *logos spermatikos*。普遍的逻各斯在世界万物中生出种子或"火种",即 *logoi spermatikoi*,因此每个人自己身上都有神圣的火种。

斯多葛派主要关心的是道德哲学。美德体现在一个人如何回应唯物主义决定论。人不能决定自己的命运。他不能控制发生在他身上的事情。他的自由局限于他理解或对待发生在他身上的那些事情的态度。道德生活的目标是哲学上的心神宁静(*ataraxia*),这是斯多葛派与伊壁鸠鲁派共同的目标。

什么是心神宁静?这个单词在英语中仅作为镇静剂的名称。这个希腊单词可大致译为"心情平静"或"灵魂安宁"。尽管斯多葛派与伊壁鸠鲁派都强调心神宁静,但是在如何达到心神宁静的问题上,他们的看法大相径庭。

斯多葛派实现心神宁静的办法是"泰然处之",即平静而勇敢地接受自己的命运。他们的主题歌应该是"Qué será, será"——"该来的总归会来"。明智的人会在意志力中寻找美德。幸福生活的秘诀在于,我们必须懂得哪些是我们力所能及的,哪些是我们无能为力的。苏格拉底是斯多葛派的杰出榜样,因为他能心神宁静地面对死刑。后来的爱比克泰德说,"我无法摆脱死亡,难道我也无法摆脱对死亡的恐惧吗?"[1]

古代斯多葛派的观点即我们现在所谓恬淡寡欲的人生态度,这是一种镇定的人生观,根据这种观点,任何事情都不会使我们心神不安,也不会使我们感到绝望。当一个人"泰然处之"的人生态度臻于完美时,其灵魂将永存于心神宁静的无上幸福之中。

伊壁鸠鲁派

另一方面,伊壁鸠鲁派坚决反对唯物主义决定论,认为人应当享有更大范围的自由。他们敌视宗教,因为他们认为,宗教会使人产生迷信和腐蚀人们意志的恐惧感。他们相信哲学能以人道的方式,把人从宗教的桎梏中解放出来。

伊壁鸠鲁派通过我所谓"高雅的享乐主义"来实现心神宁静,高雅的享乐主义与粗糙的或粗俗的享乐主义相对立。高雅的享乐主义认为,善就是逃避痛苦,追寻快乐。

古代的昔勒尼派(Cyrenaics)是粗俗快乐主义的一个例证。他们皆饕餮之徒,总是在最大限度地满足自己的物质欲望。昔勒尼派的思想在某些好莱坞电影中得到充分的展示,这些影片反映了古人纵酒狂欢的场面:人们贪婪地享受着美酒佳肴;酒足饭饱之后,他们把手指伸入咽部,人为地吐出吃下的东西,然后再狼吞虎咽地吃一番。昔勒尼派沉溺于美酒佳肴与声色之乐,企图满足自己的所有欲望。

　　与昔勒尼派不同,伊壁鸠鲁派力行节制,以实现高雅而完美的快乐享受。他们的信条绝不是简单的"吃喝玩乐吧,因为明天我们要死了"。他们懂得快乐可以分为不同的种类——心灵的快乐与肉体的快乐。某些快乐虽然很强烈,却转瞬即逝。执著于强烈而单纯的肉体快乐,必然导致人们试图躲避的两件坏事:忧愁与痛苦。伊壁鸠鲁派的目标不是某种必然会带来不适感觉的肉体陶醉,而是肉体的无痛苦与心灵的无纷扰,或曰心神宁静。

　　伊壁鸠鲁派努力摆脱"快乐主义的悖论":对快乐的追求常常完结于受挫(如果追求没有成功)或厌倦(如果追求成功了)。受挫与厌倦都是痛苦,都是快乐的反面。因此伊壁鸠鲁派所追求的不是**最大限度**的快乐,而是**适度**的快乐。他们的结论是,一个有识之士的粗茶淡饭比一个饕餮之徒的美酒佳肴,更有可能给人带来幸福。

54

怀疑主义者

　　亚里士多德之后怀疑主义的复兴可以追溯到皮浪(Pyrrho)与阿凯西劳斯(Arcesilaus),他们建立了两个学派,即皮浪的极端怀疑主义与阿凯西劳斯的学术怀疑主义。

　　怀疑主义者对柏拉图与亚里士多德的著作提出质疑。公元前 3 世纪,阿凯西劳斯开始执掌柏拉图学院,他抛弃了柏拉图的形而上学理论。阿凯西劳斯不承认我们能够获得具有确定性的真理,于是他提出一种或然性理论。

大约在公元前 200 年,塞克斯都·恩披里柯(Sextus Empericus)将怀疑主义理论编辑成册。他说,人们可以就所有哲学命题,提出具有相同意义与分量的反命题(从某种意义上说,这是现代伊曼努尔·康德所谓的"二律背反"的先声)。怀疑主义者没有放弃对真理的追求。事实上,他们积极地追求真理。不过,他们倾向于超然物外,不下定论。他们反映了圣经所描写的一些人,这些人不断地探索真理,却总是不能明白(提后 3:7)。他们宁愿不做出明确的结论,他们认为,探求真理之路不可能达到那样的高度。当他们根据感觉经验做出结论时,他们尤其谨慎,因为感觉很容易受骗。他们对道德准则也提出质疑,宁愿对道德问题存而不论。信条是他们的大敌。

怀疑主义起初确实影响了奥古斯丁对真理的追求,但是改变了在他之前那个世纪的思想氛围的,还有其他两种主要力量。第一种主要力量当然是基督教。早期基督教会使世界发生了翻天覆地的变化,在非常短的时间内,基督教取代了希腊哲学,成为最有影响力的世界观。但是希腊人没有缴械投降。第二种主要力量,即新柏拉图主义,应运而生,基督教面临严峻的考验。

55

新柏拉图主义

普罗提诺(Plotinus,204—270)是埃及人,深受古希腊思想以及具有希腊文化特色的犹太教与基督教的影响。四十岁时,他来到罗马,积极地致力于建设一种哲学以取代基督教。他希望复兴柏拉图主义,但其真正意图是改进柏拉图哲学,使之能够回应基督教思想提出的主要观点:拯救。他的哲学具有折衷主义与调和主义的色彩,吸收了不同哲学家的许多思想。他不接受斯多葛派与伊壁鸠鲁派的唯物主义,也不承认亚里士多德的形式-质料理论以及犹太教-基督教的创世说。

　　新柏拉图主义的中心词是"上帝",普罗提诺称之为"太一"(the One)。他说,总而言之,所有实在都是从"太一"流出的。但是"太一"并不创造任何事物,因为创造意味着"太一"必须参与变化的过程。毋宁说世界必然会从"太一"那里流溢出来,其流溢的方式类似于阳光来自太阳。实在可以分为不同的层次或类别,这些层次或类别均来自"太一"。实在离"太一"的本质越远,它的物质性就越多。

　　普罗提诺常常被当作泛神论者,因为他主张,所有实在归根结底都是"太一"的表现形式。不过他坚持认为,"太一"具有超越性,这"太一"以纯粹的存在高于存在的低级形态。流溢的第一个层面是"努斯"或"心灵",它是永恒的、超时间的,即柏拉图的理念世界。从努斯流出的是灵魂的世界,从灵魂流出的是物质世界,这是最低的层面。

　　"太一"本身是难以描述的。理性不能理解它,感官不能感觉它。只有神秘的直觉或领悟才能"认识"它。我们不能赋予它任何肯定的属性,而只能以"否定的方式"来描述它。换言之,在谈论上帝时,我们只能说他不是什么。

表 4.1　亚里士多德的继承人

	生卒年（约）	出生地	主要居住地	哲学思想	主要著作
芝诺	前 334—前 262	塞浦路斯的季蒂昂	雅典	斯多葛主义	
伊壁鸠鲁	前 341—前 271	萨摩斯	雅典	伊壁鸠鲁主义	《论自然》
皮浪	前 365—前 275		希腊的埃里斯	皮浪的极端怀疑主义	
阿凯西劳斯	前 316—前 240	小亚细亚的皮塔涅	雅典	学术怀疑主义	
塞克斯都·恩披里柯	前 3 世纪末—前 2 世纪初			怀疑主义	《皮浪极端怀疑主义论纲》
普罗提诺	204—270		罗马	新柏拉图主义	《九章集》

　　这种否定法在基督教神学中仍然发挥着一定的作用。基督教虽然也有一种"肯定法"，但是在把上帝描述为无限（不是有限）、不变（不可以变化）、自存（不是被创造的）时，它确实使用了否定法。

恩典博士

　　我们简要地考察了出现在亚里士多德与奥古斯丁（Augustine）之间的重要哲学流派，这有助于我们更好地理解奥古斯丁曾想方设法加以解决的一些重大问题。

　　公元 354 年，奥古斯丁出生于努米底亚（Numidia，现在的阿尔及利亚境内）的一个小城塔加斯特（Thagaste）。他父亲是异教徒，母亲莫尼卡是虔诚的基督徒。430年，奥古斯丁逝世，这时他已成为闻名遐迩的"恩典博士"。他是第一个千年里最伟大的哲学家兼神学家，也很可能是整个基督教时代最伟大的神学家。

奥古斯丁在年轻时就表现出异乎寻常的求知热情。十九岁时，他就能阅读西塞罗（Cicero）的著作，从此他全身心地投入对真理的探索。他经历过成长与思想动荡的不同时期。起初他不接受基督教，却信奉摩尼教的二元论哲学。后来他又相继接受了怀疑主义与新柏拉图主义。386年，他皈依基督教。在此后的十年里，他成为主教，并一直担任这个职务，直到逝世。他著作等身，最有名的两部是《忏悔录》（*Confessions*）与《上帝之城》（*The City of God*）。[2]在与异端多纳徒派（Donatists）和帕拉纠派（Pelagians）的激烈论战中，奥古斯丁捍卫了基督教的正统教义。

有人认为，奥古斯丁成功地综合了柏拉图主义与基督教教义，但是他的著作没有提到这样一种理论。他关于认识论、创世说、罪恶问题以及自由意志的本质的思想，至今仍然具有影响力。他的思想影响了教会论、三位一体论和救恩论的发展。

奥古斯丁坚决反对古代各种形式的怀疑主义，力图为真理奠定基础。他在心灵或灵魂内部寻找真理，因而成为心理反思之父。他要寻找的真理不仅具有或然性，而且具有永恒不变性与独立性。他深知感性知识具有局限性，感

58

官可能会欺骗我们,他以船桨为例来说明这个问题:在船上的人看来,水中的桨是弯的,但事实上,桨是直的。

奥古斯丁致力于寻找具有确定性的领域,他发现在理性的与数学的领域,以及自我意识的领域,存在着确定性。在自我意识的活动中,我们能够直接而明确地认识心灵的客观存在。早在笛卡尔(René Descartes)提出其著名的论断"我思,故我在"以前,奥古斯丁已经提出这样的论点。他反对学术怀疑主义者对错误的惧怕,也反对他们的或然论——他们说,"我错了,所以我存在"。他认为,一个不存在的人是不可能犯错误的。因此,即使某人犯了错误,他也只能首先存在,然后再犯错误。所以即使是错误,也能证明事物存在的确定性。

奥古斯丁还认为,非矛盾律是毋庸置疑的,因为在每一种否定它的尝试中,都必须假定和使用这个规律。因此,否定不矛盾律,或者与这个规律相"抵触",实际上就是肯定这个规律。

在奥古斯丁看来,数学是客观的、毋庸置疑的真理的来源。像逻辑那样,数学不依靠感性材料来证明自己的真理性。不仅 2+3 等于 5,而且在任何条件下,2+3 总是等于 5。

真理与启示

上帝的启示是奥古斯丁的认识论或知识论的一个核心概念。他认为,启示是所有知识的必要条件。柏拉图说,要想摆脱洞穴墙上的那些影子,洞中的囚犯就必须能够看到

光天化日之下的事物本身，与此相同，奥古斯丁说，上帝的
启示之光是所有知识不可或缺的。

　　光线的比喻很有教育意义。从现在的情况来看，我们
都有视力。我们有眼睛、视神经等——我们具有看东西所
需的一切条件。但是一个视力非常好的人，如果被关在一
间漆黑的屋子里，他就什么也看不见。所以要想看见事物，
必须有外来的光线，同样的道理，要想认识事物，必须有来
自上帝的启示。

　　当奥古斯丁讨论启示时，他不仅是在探讨圣经当中的
启示，他同时也在讨论"普遍的"或"自然的"启示。不仅圣
经当中的真理要靠上帝的启示，所有的真理，包括科学真
理，都要靠上帝的启示。这就是奥古斯丁之所以鼓励学生
们要尽可能多地认识事物的原因。在他看来，所有的真理
都是上帝的真理；如果某人与真理相遇，他就是与上帝相
遇，因为这真理是上帝的真理。

　　即使在自我意识的活动中，人们也能直接感受到上帝。
当我意识到我自己时，我同时也就意识到我的有限性以及
创造我的那位上帝。奥古斯丁认为，对自我的认识与对上
帝的认识是哲学研究的两大目标。正如奥古斯丁的门徒约
翰·加尔文后来所言，在对自我的认识与对上帝的认识之
间，存在着一种相互依存、同时并存的关系。不首先认识我
自己，我就不可能认识上帝；不与上帝建立联系，我就不可
能真正认识我自己。

　　奥古斯丁进一步探讨了加尔文后来所谓的 *sensus*

divinitatis,即人类灵魂所固有的对上帝的直接感知。所有的

60   人都知道,上帝是存在的;虽然不是所有的人都愿意承认,
但他们知道上帝是存在的。他们的原罪恰恰在于他们不把
上帝当作上帝来尊崇,因为他们不承认他们认为是正确的
事物。人们不知道上帝的存在,这种无知是故意的,因此这
是一种罪恶的无知。

知识与信心

奥古斯丁说,信心是知识必不可少的一种要素。奥古
斯丁没有把信心概念局限于我们通常所说的宗教信仰。信
心也包括在有效地证明事物之前,我们对它们的暂时信念。
他接受"我相信是为了要理解"(*Credo ut intelligam*)这一著
名格言。

从这种意义上说,信心先于理性。所有的知识均起源
于信心。小时候,我们凭信心而接受别人教给我们的一切
知识。我们相信父母和老师,直到我们有能力亲自验证他
们的教诲。我们可以怀疑父母的警告,不相信火炉是热的,
我们却能亲手摸一下火炉,以证明这个警告的真实性。

我们的学习开始于暂时的信任或信心。这里,奥古斯
丁小心翼翼地区分了信心与轻信(credulity)。从一种意义
上说,信心先于理性,但是从另一种意义上说,理性先于信
心。我不可能相信某种显然不合理的论断。知识要想被人
接受,就必须是可以理解的。这并没有排除奥秘的领域,奥
秘与矛盾毕竟存在巨大差异。

我不可能测透地心引力或运动的奥秘,但是相信地心引力与运动是真实存在的却并不荒谬。同理,我不可能完全理解三位一体的真理,但是三位一体这个概念并不包含矛盾或悖论。我相信三位一体的真实性,因为我坚信这是上帝的启示,我完全有理由绝对地信任它(*fides implicitum*)。举例来说,如果我知道上帝是存在的,他无所不知,绝对公正,那么我要是不相信他那些明确的启示,我就愚不可及。

61

对奥古斯丁来说,信心不是盲目的或随意的,如同轻信那样。轻信就是相信荒谬的或悖理的事物——这样的相信没有充分的理由。在奥古斯丁看来,正确的信心总是合理的。启示能为我们提供纯粹理性无法获得的知识,却从来不会提供与理性规律相反的知识。

创世说

奥古斯丁反对希腊哲学,坚决捍卫圣经的创世说。奥古斯丁说,上帝是随己意创造世界的,有其目的。创造不是出于必然(希腊思想却这样认为),物质世界也不是永恒的。宇宙有一个开端。存在这样一段"时间",在这段时间内,宇宙尚未存在。我给"时间"加上引号,因为时间是空间与物质的必然结果。怀疑论者问,在创造这个世界以前,上帝究竟在干什么,奥古斯丁回答说:"他在给那些充满好奇的灵魂创造地狱呢!"

奥古斯丁认为,上帝"从无中"(*ex nihilo*)创造世界万物。奥古斯丁并未违反"无不能生有"(*Ex nihilo, nihil fit*)

的格言。他并不是说,原来什么也没有,后来突然出现了许多事物。自我创造的观念是不合理的,只有轻信者才持这种看法。因为某物要想创造自己,就必须在它存在以前就已经存在了,这显然违反了不矛盾律,因为这个事物必须在同一时间、同一关系中,既**存在**,又**不存在**。在创造世界以前,永恒的上帝已经存在,因此"从无中"创造世界并不是说**用**(by)无来创造。借用亚里士多德的因果理论,我们可以说,宇宙具有形式因、目的因与动力因,却没有**质料**因。

因为上帝是善的(good),所以他原来创造的一切都是好的(good)。像柏拉图主义所认为的那样,物质的东西并非本来就是恶的。然而,包括人在内的宇宙虽然是上帝创造的,但是他并没有把宇宙创造成一个**永恒不变的**好地方。现在这个世界已经堕落。

罪恶问题

在解决罪恶问题的过程中,奥古斯丁试图以纯粹否定的方式来定义恶。恶是善(good)的缺乏、丧失或否定。唯有原先是善的事物,才能变恶。恶是对照先在的善这个概念而被定义的。恶的定义本身即依赖于善。在谈论罪恶时,我们会用到这样一些词汇:"不"正直、"不"公正、"不"合法。敌基督的身份本身即依赖于基督。正如寄生虫的存在必须依靠主人,恶的存在必须依靠善。任何能够存在的事物,就其存在而言,都是一种善。非存在是恶。如果某物是纯粹的或彻底的恶,它就不可能存在。恶不是一种实体或事物。它是善的缺乏或丧失。

　　就这个层面而言,奥古斯丁似乎是以纯粹本体论的术语来定义恶。如果这是真的,那么奥古斯丁必然会说,恶是有限存在的必然结果。上帝不可能创造一种从本体论的角度看是"完美无缺的"存在。这样做就意味着他能创造另外一个上帝。即使上帝也不能创造另外一个上帝,因为就定义而言,第二个上帝可能成为一种被造物。

　　为了避免恶的本体论必然性,奥古斯丁把目光转向自由意志。上帝造人时就赋予人自由意志(*liberum arbitrium*),因此人也享有完全的自由(*libertas*)。人具有选择他所喜欢的事物的能力。他具有犯罪或不犯罪的能力。由于私欲,他自由地选择了犯罪(私欲是一种犯罪倾向,但还不是罪恶)。

63

　　由于最初那次犯罪,人丧失了自由(liberty),却没有丧失自由意志。作为上帝的一种惩罚,他被抛入所谓原罪的堕落状态之中,丧失了追求上帝的美好事物的能力。结果,

表 4.2　被造的人与堕落的人

	被造的人	堕落的人	拉丁术语
自由意志	有	有	*liberum arbitrium*
自由	有	没有	*libertas*
犯罪的能力	有	有	*posse peccare*
不犯罪的能力	有	没有	*posse non peccare*
不能不犯罪的能力	没有	有	*non posse non peccare*

人假如还想接近上帝,其灵魂就必须完全依赖上帝的恩典。堕落的人总是带着罪恶的枷锁。他仍然具有选择的能力,其意志仍然无拘无束,但是现在他只有犯罪的自由,因为他的愿望只倾向于罪恶,反而远离上帝。于是"不犯罪的能力"丧失了,取而代之的是"不能不犯罪的能力"。围绕这个问题,奥古斯丁与异端分子帕拉纠(Pelagius)展开激烈论战,因为帕拉纠拒不承认原罪的存在。帕拉纠说,亚当的罪恶只能影响亚当一人,其他所有人都有能力过上美满幸福的生活。

　　奥古斯丁一直是罗马天主教会的主保圣人,不过基督新教的权威领袖马丁·路德(Martin Luther)与约翰·加尔文(John Calvin)也都尊他为最重要的神学导师。

第5章　天使博士托马斯·阿奎那

　　一个人享有极高的学术声誉,单单看他的姓氏往往就能知道。博士、教授一类的头衔被省略,名字也常常被忽略。我们没有必要知道笛卡尔名为勒内,休谟名为大卫。但是在阿奎那这里,一切都变了。要引征这位才华出众的学者,只需提及他的名,托马斯。实际上,他的思想常常被称为托马斯主义。

　　罗马天主教会不仅封托马斯为圣徒,而且授予他"天使博士"(Doctor Angelicus)的荣誉称号。这位天使博士是学术界的巨人,现在的每一所大学,无论教会大学或非教会大学,仍然在研究他的著作。历史上的大神学家们往往具有不同的风格与不同的天赋。但是单就思想影响而言,我觉得,除了清教徒神学家乔纳森·爱德华兹(Jonathan Edwards),无人能与托马斯匹敌。

　　1225 年,托马斯·阿奎那出生于意大利那不勒斯附近。其父是阿奎诺(Aquino)的一个伯爵,属于贵族阶层。五岁时,托马斯进入蒙特·卡西诺(Monte Cassino)修道院,在那里一直学习到十四岁,然后考入那不勒斯大学(University of Naples)。在那不勒斯大学期间,托巴斯加入多米尼克会(Dominican Order),这是一个致力于教育的修会。十八岁时,他从那不勒斯去了巴黎大学(University of Paris)。当时世界上最有名的神学家是大阿尔伯特(Albertus Magnus),他以"全才导师"(the universal teacher)著称。正如柏拉图能以苏格拉底为师、亚里士多德能以柏拉图为师,托马斯有幸接受阿尔伯特的教诲。

66

跟随阿尔伯特学习期间,托马斯遭到同学们的嘲笑与戏弄。他们称他为"阿奎诺的笨牛"。对此,阿尔伯特深有感触地说,总有一天这头笨牛会使世界大吃一惊。有一次,一个同学望着窗外说:"托马斯,快来看,有一头牛飞起来了。"托马斯从座位上站起来,走到窗前去看。同学们哈哈大笑,因为他太幼稚了。托马斯转过身来说:"我宁可相信牛会飞,也不愿相信我的兄弟们会骗我。"

阿奎诺的笨牛后来成为经院哲学与神学的中坚力量。塞缪尔·斯通普夫说,经院哲学是中世纪哲学的最高峰。"经院哲学"在现代成了贬义词。我们也许生活在基督教历史上一个最敌视思想的时期。我们推崇技术或教育,却贬低心灵或思想的作用,特别是宗教的作用。在我们看来,经院哲学家枯燥乏味,冷若冰霜。他们似乎缺乏创造性,我们摈弃他们的抽象推论,认为那些杂乱无章的讨论仅仅关乎一个针尖上究竟容得下多少天使跳舞之类的问题。(基要主义者不关心此类问题,因为他们很清楚,天使是不跳舞的!)

经院哲学致力于建设一个清晰而综合的思想体系。经院哲学家都善于系统思维。他们不关心思想方面的小插曲或新奇想法。毋宁说他们的目标是整理传统思想,使之成为一个令人信服的系统(当代存在主义哲学表现出的"反体系"思想倾向误导了许多人,他们反对这种探索真理的方法)。

经院哲学家严格遵守严密的逻辑,重视演绎推理的方法。在表达他们的思想时,他们喜欢使用辩论的方式。凡是认真拜读过托马斯·阿奎那著作的人都知道,书里没有很长的注释,只有通过严密的论证来说明一个论点的逻辑力量。托马斯是这个传统中毋庸置疑的大师。

67

表 5.1 改变了世界的四大伟人

	生卒年	出生地	主要居住地	导师	社会地位
柏拉图	前 428—前 348	希腊	雅典	苏格拉底	柏拉图学园的创始人
亚里士多德	前 384—前 322	马其顿的色雷斯	雅典	柏拉图	吕克昂学园的领导人
奥古斯丁	354—430	努米底亚的塔加斯特	那米底亚的希波	米兰的安布罗修	希波的主教
托马斯·阿奎那	1225—1274	意大利的阿奎诺	巴黎	大阿尔伯特	教授

　　托马斯也许是被基督新教的批评家们,特别是福音派批评家们,诽谤最多、误解最多、曲解最多的罗马天主教思想家。人们普遍认为,托马斯的最大错误在于分裂自然与恩典。这种指责纯属无稽之谈,真可谓荒谬绝伦。指责托马斯分割了自然与恩典,是根本没有领会他全部哲学的主要精神,特别是他为基督教信仰所做的里程碑式的辩护。

自然与恩典

　　很显然,托马斯清楚地区分了自然与恩典。这里必须说明的是,最重要的哲学分类之一是区别分类(distinction)与分割(separation)的不同。举例来说,我们在神学上区分了基督的人性与神性,但是我们始终认为,这两种属性是完全统一的,把二者分开就会走向聂斯托利的(Nestorian)异端邪说。用一种更形象的方法来说,如果我把你**区分为**(distinguish)肉体与灵魂两个部分,那么我丝毫没有伤害你。但是如果我把你的肉体与灵魂**分割开**(separate),我就已经杀害了你。

　　托马斯区分自然与恩典的目的不是要分割二者,而是要证明它们最终的统一性与相互关系。正是因为反对把二者分割开,托马斯才做出了如此巨大的努力。他十分清楚伊斯兰教对基督教越来越大的威胁。伊斯兰教的哲学家们重新发现了古希腊思想,他们的"文艺复兴"已经开始。阿维罗伊(Averroes)等主要思想家已经把伊斯兰神学与亚里士多德哲学综合在一起。他们的作品以"完整的亚里士多义"著称,因为他们把亚里士多德与伊斯兰教结合在一起。

　　这些伊斯兰哲学家提出"双重真理"论,他们认为,从信仰的角度看是正确的东西,从理性的角度看就会是错误的;从哲学的角度看是正确的东西,从神学的角度看就会是错误的;从宗教的角度看是正确的东西,从科学的角度看就会是错误的,反之亦然。这些理智的分裂症把自然与恩典截然分开。这好比现在的一个基督徒说,从信仰(恩典)的角度看,上帝按照自己的形象为自己的目的创造了人,人有尊严,因为这是上帝的恩赐;但是从理性(自然)的角度看,人是宇宙当中的一个偶然现象,是原始物质中演化出来的一种发展成熟的微生物,是注定要消亡的,是没有任何尊严的。这位困惑不解的信徒只好星期一到星期六信仰宏观进化论,星期日则用来敬拜那位创造了世界的上帝。

　　人们认为,托马斯实现了哲学与神学的"经典性综合"。我们都知道,在中世纪的大学,神学是所有学科之女王,哲学是神学之婢女。人们认为,托马斯实现了亚里士多德哲学与基督教神学的综合,一如奥古斯丁实现了柏拉图哲学与基督教神学的综合。对托马斯的这种看法很容易被夸大,因为他对亚里士多德哲学中的许多因素显然持批评态度(尤其是被吸收到完整的亚里士多德理论中的那些成分)。奥古斯丁与托马斯的不同之处也常常被夸大。浏览一下托马斯的《神学大全》(*Summa Theologica*)[1],人们就会发现,托马斯在许多问题上都是站在奥古斯丁的肩膀上。

　　托马斯认为,在探索真理的过程中,哲学与神学的作用

69

是互补的。恩典不会破坏自然,反而会实现自然的目的。托马斯认为,这两个学科具有明确的界限,但是要想全面地理解实在,二者都是不可或缺的。

托马斯相信上帝启示应该居首位。他并不认为自然能够独立于启示而运行,许多人却这样指责他。他把所谓的"自然神学"建立在自然启示之上。新教神学家区分了一般的(或自然的)启示与特殊的(或圣经的)启示,与此相同,托马斯也区分了自然与恩典。在《神学大全》中讨论自然与恩典的关系时,托马斯的思想基础是使徒保罗的观点——上帝在自然界中启示自己,这是他在《罗马书》中说的。托马斯还在这一部分详细论证了这样的观点:所有知识,无论来自自然,抑或来自恩典,全靠上帝的启示。他引述了奥古斯丁的一个比喻,认为我们的视力离不开光线。这应该能够消除这样一种错误看法:托马斯认为,自然神学是人的理性独立地发挥作用的结果。所有知识都建立在上帝的启示之上,而且依赖于上帝的启示。然而,这种启示不仅存在于圣经中,也在宇宙中熠熠生辉。

托马斯认为,有些真理只有通过圣经才能被认识,圣经是神学的主要来源。人们不可能通过研究天文学或占星术来了解上帝的拯救计划。然而,其他一些真理却是在自然中,而不是在圣经中被发现的。举例来说,只有通过研究自然,人们才能发现人体的血液循环系统与光子的运动方式(这些发现恰恰证明了上帝的恩典,假如没有上帝仁慈的护理,人们是不会有这些发现的,托马斯一定对此深信不疑)。因此哲学(以及科学)和神学有两个不同的知识领域。二者都依赖启示,二者是互补的,而不是对立的。在托马斯看来,所有的真理都是上帝的真理,所有的真理在最高的层面都是相通的。

托马斯关于知识是"混合物"(mixed articles)的自然神学,遭到信仰主义者的激烈反对(他们认为,只有通过信仰,才能认识上帝)。在托马斯看来,真理可由自然**或**恩典两个途径获得——哲学或科学能够为我们提供真理,圣经也能为我们提供真理。这类混合物包括人们对上帝存在的认识。换言之,除了圣经,哲学也能从理性上证明上帝的存在。托马斯说,当然,圣经对上帝的认识更全面、更深入,但是上帝的现实存在也可以不通过圣经而得到证明。就认识上帝而言,哲学与神学可以通力合作。

关于上帝存在的证明

此前,安瑟伦(Anselm)提出了关于上帝存在的本体论证明,这个论证从上帝存在这个观念出发,推导出上帝的现实存在。托马斯另辟蹊径,从宇宙的结构和宇宙的存在,来推论上帝的存在。

托马斯提出的**第一种证明**与运动有关。世界上存在运动,这个证据就是他的出发点(芝诺也承认这一点)。这个论证很大程度上是借鉴了亚里士多德的观点。托马斯说,凡是能动的东西都是被另一个东西所推动(根据我们所谓的惯性定律)。托马斯把运动定义为某物由潜能向现实的

表 5.2   真知的来源

真理的种类	神学真理	哲学/科学真理	"混合物"
领域	恩典	自然	恩典或自然
例证	上帝的拯救计划	身体的血液循环系统	上帝存在
直接来源	圣经	自然界	圣经或自然界
终极源泉	上帝:特殊启示	上帝:一般启示	上帝:特殊或一般启示

转化。处于静止状态的一个事物可能具有运动的潜能,但是只有这种潜能转化为现实,它才能运动。但是,托马斯说,只有通过某种已经处于现实状态的事物,其他事物才能从潜能变为现实。举例来说,火能使一块从潜能看可以产生热量的木头,真的产生热量。某物不可能在同一时间既是现实的,又是潜在的。某物实际上是热的,与此同时,它可能具有冷的潜能;但是它不可能既有热的潜能,实际上又是热的。从潜能看,它会比实际的热更热,但是要想变得更热,就必须有某物把它推向那种状态。凡是能动的事物必定是为某种先在的现实性所推动。但是这种变化不可能被追溯至无穷的境地,因为在那种情况下,运动永远不会开始。于是托马斯得出这样的结论:必定有一个最初的推动者,人们都认为,这个推动者就是上帝。

托马斯的**第二种证明**与动力因有关。根据因果律,任何结果必有一种先在的原因。这不等于说,凡事必有因(约翰·斯图亚特·密尔[John Stuart Mill]与伯特兰·罗素

［Bertrand Russell］却这样认为）。如果所有**事物**都必须有一个原因，那么上帝本身也必须有一个原因。因果律只谈结果，是非矛盾律的延伸。因果律从形式看是正确的，因为它的定义是正确的。结果的定义是，由原因产生出来的某种东西。除非结果具有一种原因，否则它就不成其为结果。同样的道理，原因（严格说来）的定义是，能够产生结果的某种东西。除非能够造成或产生某种东西，否则原因就不可能成其为原因。一种没有原因的（独立自存的）存在并不违反任何一条理性规律；然而，一种没有原因的结果却是不合理的，是荒谬的。

在亚里士多德哲学中，动力因是能够产生结果的一种原因。以雕像为例，动力因即雕刻师。没有雕刻师，就不可能有任何雕像，因为任何东西都不会使雕像开始存在。任何事件都不可能是它自己的原因。任何事件必然以某种先在的原因为前提。任何事物的任何变化都是一个事件。任何先在的原因必有其自己的原因（如果这个先在的原因本身是一种结果）。这个因果链条必须在某个地方终止。回溯至无限是不可能的，因为无限回溯的思想包含着没有原因的结果这个观念，是一种异常复杂的逻辑谬论。

托马斯·阿奎那关于上帝存在的**第三种证明**与必然存在的概念有关。虽然这种证明常常被看作宇宙论证的组成部分，但是称它为"本体论"证明更合适，因为它是从存在出发的一种论证。我们发现，自然界的某些事物具有**偶然性**（contingent），这些事物可能存在，也可能不存在（哈姆雷特完全清楚自己这种可能的处境）。这些事物或"存在者"（beings）并非永远存在。它们也会经历生成与衰败的变化。有一段时期,我并不存在。某物不存在是可能的,这种说法有三种可能的含义:首先,在过去的某个时间,某物并不存在;其次,它会在将来不复存在（就其作为单独的个体而言）;最后,它不仅在过去的某个时间不存在,而且会在将来不复存在。因此,可能的存在者是指那些可能**不存在**的事物。

任何可能的存在者都不是独立自存的,它没有独立自存的能力。如果现实的所有事物都仅仅是**可能的**,那么在过去某个时间,世界上曾经是空无一物。如果曾经有一段时期,世界上什么都不存在,那么任何事物都不可能开始存在,任何事物也不可能存在于现在。但是如果某物现在**确实**存在,那么某物必然是始终存在着;某物必然存在,它的存在具有**必然性**——它的存在不仅是可能的,而且是必然的。它不可能**不**存在。它的存在不是来自其他任何东西。从未有过它不存在的一段时间。换言之,只要现在有东西存在,那么必然有某物在自身之内就具有存在的能力,就是说,某物肯定具有必然的存在性（necessary being）。这种存在者,无论从逻辑看,还是从本体论看,都是必然的,这就是人们所谓的上帝。

托马斯的**第四种证明**与事物的完美程度有关,这个论证借鉴了奥古斯丁的很多思想。这个论证的出发点是可比较的事物。我们都知道,真、善、高尚等品质都可以分为不同的等级。但是只有参照某个最高标准或最佳范例,人们才能认为,某物是真的或善的。现代相对主义者提出了一些没有真理标准的真理,没有良善标准的良善,没有美德标准的美德,没有目的标准的目的。但是只有参照某个绝对标准,我们才能确定某物的相关物。托马斯说,任何类别中的那个最高类别,就是该类别中所有事物的起源。举例来说,火是热的最高类别,因此它是所有热的事物的源泉。也一定存在这样一种东西,对所有存在者来说,这种东西是它们的存在、良善以及其他各种完美属性的源泉,这正是我们所谓的上帝。

人们可能提出这样的反驳:如果上述论点能够成立,那么上帝也必然是最大的或最坏的恶——只有这样,我们才能解释世界上程度不同的那些恶。这就是我们说托马斯继承了奥古斯丁思想的缘故,因为在托马斯看来,问题的关键在于,必须像奥古斯丁那样,根据缺乏和否定的原则来理解恶。我们用来判断恶的那个最高标准不是最大的恶,而是最大的善。

74

托马斯关于上帝存在的**第五种**,即最后一种**证明**,以宇宙中的秩序为论据。这是所谓的目的论证的一种形式。"目的"一词来自希腊语 *telos*,意即"目的、意向、目标"。

我们发现,自然界的某些事物虽然没有智力,却能有条不紊地朝某个方向运动。它们以可预见的方式进行运动,以实现某些目的或发挥某些作用。风中飘舞着的蒲公英的种子,是为了使这种植物能够繁殖。这些事物的活动似乎是有目的的。某人的目的不可能是偶然的,其意向也不可能是随意的。最简单地说,目的论证的论据是宇宙的设计。设计以设计师为前提,这个论点深刻地影响了伊曼努尔·康德与大卫·休谟,尽管他们坚持怀疑主义的立场。

托马斯认为,没有智力(intelligence,注意其中有 *telos* 这个词根)的事物不可能按照某种设计而活动,除非它们一开始就受到确实具有智力的某种事物的指引。一支箭不可能自己指向靶心,除非射手一开始就把它指向那个位置。"智能炸弹"不是真的具有智能,除非某个具有智能的人那样设计了它(即使如此,它们也并非总是那么智能!)。

阿奎那的结论是,必定存在一个能够指引世界万物趋向其目标的具有智力的存在者。他说这就是上帝。还必须补充一句:事物不可能被随意地引向它们的目标。偶然性不能指引任何事物,因为偶然性不能成就任何事物。偶然性不能成就任何事物,因为偶然性什么也不是。**偶然性**是用来描述数学可能性的一个很有意义的术语,但是如果用这个词来描述某种有能力影响所有事物的存在者,它就会变成一个行踪诡秘的妖怪。偶然性没有实际的存在,没有实际存在的东西就没有任何能力做任何事情。[2]

在阐述其自然神学的过程中,托马斯用了一些限定词来描述我们从自然界获得的关于上帝的知识。他说,我们从自然界所获得的关于上帝的知识虽然具有真理性,却是间接的、类比的、不完整的。

托马斯·阿奎那所谓的**间接**知识,旨在区分直接知识与间接知识。如果说某物是被"直接"认识的,这并不是说,这个东西马上或很快就被认识了(不过这也许是可能的)。这句话的意思是,某物是被直接认识的,而不是通过某种中介才被认识。如果我是在电视上看一场篮球比赛,我就是在观看数英里之外正在进行的一些活动,我并非身临其境。实际上,我是在观看这场比赛的转播图像。我是在通过电视这个媒介来观看比赛("media"被称为"媒介",是因为它处于我们与所报道的真实事件之间)。

托马斯称自然神学为"间接知识",因为上帝的启示是通过世界万物这个媒介,才来到我们心中的。诸天述说上帝的荣耀,因为上帝通过诸天启示自己的荣耀。关于这个问题,使徒保罗在《罗马书》中明确指出,通过"所造之物"(罗 1:20),我们能够认识上帝。

托马斯说,自然神学具有**类比**意义,他是在讲语言的一种功能。他发现,语言有三种功能:单义的(univocal)、多义的(equivocal)和类比的(analogical)。如果语言是单义的,那么一个单词在用于不同的事物时,其含义基本保持不变。如果语言是多义的,那么一个词语在用于两个不同的事物时,其含义就会发生重要变化。以"bald"这个单词为例。当我说到一个秃顶的男人(a bald man)时,我的意思是说,那个男人的头顶没有头发。但是,如果我是在批评一场演出,我说那个演员"表演苍白"(bald narrative),这时我并不是要说那个演员的表演"没有头发";我是想说,他的表演缺少某种东西,例如情感、表现力、激情等。

如果语言具有类比性,那么当人们用同一个词语描述两个不同的事物时,词语的含义就会发生相应的变化。举例来说,当我说我有一条好狗时,我并不是说,它能积极地行善,有高度敏感的良知。我的意思是,我一叫它,它就会过来,而且有规矩,不咬邮递员。反之,当我说某某是好人时,我并不是说,我一叫他,他就会过来,他有规矩,不会咬邮递员。人的行善能力要比狗强,因此"好"这个词语可以适当地或类比地用于人。

托马斯·阿奎那说,我们关于上帝的知识具有类比的特点,他的意思是,我们用来谈论上帝的语言并不能准确地描述他。上帝是无限的,而我们是有限的。我们与上帝不同,但是还没有不同到我们用来谈论他的语言竟然变得毫无意义或模棱两可。我们谈论上帝的语言是有意义的,因为语言具有类比的功能。谈论上帝的类比性语言是可能的,因为人与上帝存在相似之处,这种说法有一定的道理。这就是托马斯所谓的人与上帝之间的"存在的类比"。这种存在之类比的思想渊源是,人是照着上帝的形象被造的。

卡尔·巴特(Karl Barth)等现代神学家猛烈抨击托马斯的存在类比说,这种批判的结果适得其反,因为它引发了"上帝之死"的思想运动。托马斯认为,如果上帝与我们"完全不同"或迥然有别(如巴特所言),我们就根本不可能谈论上帝。

自然神学为我们提供的关于上帝的知识是不完整的,这种**不完整性**并不能使这种知识变得毫无价值。托马斯自

然神学的批评家们常常抱怨说,通过自然界而认识的那个
上帝顶多是一个不动的推动者,而不是圣经所说的上帝。
然而,即使圣经所启示的上帝,也缺乏彻底性和完整性。自
然神学不能使人完整地认识上帝或从救赎的角度认识上
帝,这并不是说,上帝完全不可知。阿奎那认为,尽管自然
神学具有中介性、类比性和不完整性,但是就这种理论本身
而言,它却具有真理性。对神学,尤其是护教学来说,关于
上帝的永恒性和独立自存性的证明,具有重要意义。举例
来说,虽然上帝远远不止是拥有独立自存性,但他绝不会没
有独立自存性。现在关于有神论的大多数争论都是围绕创
世说而展开的,对上帝的独立自存和必然存在的证明,成为
创世说的有力论据,认识到这一点同样具有极为重要的
意义。

第 6 章　近代理性主义之父
勒内·笛卡尔

公元 13 世纪,托马斯·阿奎那成为古典文化的集大成者,公元 17 世纪迎来了理性时代的曙光,而在此期间,剧烈的社会变革使西方文化焕然一新。宗教、政治理论、科学和经济结构都发生了巨大变化,中世纪的文化土崩瓦解了。

意大利的文艺复兴试图复活古代哲学,它不仅要以此为手段来维护宗教信仰,而且也想借此使哲学摆脱神学并享有一定的独立性。美第奇家族伟大的罗伦佐(Lorenzo the Magnificent)在佛罗伦萨创立了新学园(New Academy)。随着古代哲学的复兴,新柏拉图主义、新斯多葛主义应运而生,古代皮浪式怀疑主义也再度兴起。塞克斯都·恩披里柯(Sextus Empiricus)的著作在 16 世纪被翻译成拉丁文。新的怀疑主义断言,客观真理的主张很容易导致无穷尽的争论,甚至能引发战争。这些怀疑论者用逻辑学的等价原理来取代客观真理。

　　等价原理是专门用来使得某个具体命题与其反命题等
量齐观的一种技巧。任何命题都有一个反命题,因此每一
命题既可能是真的,也不可能是真的。这种模式会迫使哲
学家终止其判断。

　　这些怀疑论者特别反对关于上帝的知识,他们认为,我
们的感觉不可能直接领悟存在。我们只能认识事物的**现
象**,却不能认识它们真实的存在。这又退回到了柏拉图所
谓的"洞穴"中,因为哲学家们推来一块巨石,挡住了洞穴的
出口。这种怀疑论是一种极端的现象主义。我们知道,"现
象"是指显现在我们感觉面前的那些显而易见的事物。现
象主义认为,人们不可能走到现象之后或之外去认识实在。

80

　　法国的一些神学家接受了这种新的怀疑主义,因为它
把信仰从理性的束缚中解放出来。这些基督徒哲学家信奉
一种名为信仰主义怀疑论的宗教怀疑主义。举例来说,蒙
田(Montaigne)认为,自然理性不足以获得关于存在的知识,
因为它完全依赖于感觉来提供心灵反思所需的原始材料。
关于上帝存在的任何确定不移的知识,只能来自宗教信仰。

　　由于思想的发展,作为众科学之女王的神学,终于与其
婢女——哲学分道扬镳。至于这个女王何时将被彻底赶下
王位,仅仅是一个时间问题。

　　其他方面同样发生了天翻地覆的变化。由于费迪南·
麦哲伦(Ferdinand Magellan)、瓦斯科·达·伽马(Vasco da
Gama)等探险家的惊人发现,世界变得越来越小。西方与
东方连在一起,中世纪铁板一块的文化处在变化之中。

哥白尼革命

最剧烈的变化之一来自新的科学。16 世纪不仅见证了新教改革运动,而且经受了哥白尼革命的洗礼。亚里士多德的世界观在长达约两千年的岁月中,一直占据统治地位而没有受到质疑,在托勒密(Ptolemy)的《天文学大成》(*The Almagest*)[1]中被加以发展。托勒密建立了精致的天体运动模式以及结晶球体(crystalline sphere)*的复杂体系,这个理论是"有意义的",它为科学家提供了一种模式,根据这种模式,科学家能够预测恒星和行星的运动。古代的这种模式认为,地球是宇宙的中心。地球静止不动,恒星却能运动。这些恒星被固定在一个肉眼看不见的晶体的"天顶"上,这个天顶每天以此为轴绕地球而运转。

随着印刷机的出现,古代思想家的作品得以在更大范围内传播。尼古拉·哥白尼(Nicolaus Copernicus)是因此而受惠的一位科学家,因为他收藏了大量图书。他尤其赞赏托勒密的《天文学大成》,仔细研读这部著作。托勒密著作的严密性给他留下深刻印象,但是这部著作的一些内在缺陷却使他深感不安。深思熟虑之后,哥白尼找到一种能更有效地解释宇宙结构的真理。他把太阳置于宇宙的中心,用日心说取代了地心说,彻底改变了中世纪的宇宙秩序。

哥白尼仍然受制于圆是最完美的形式这一古代观念,

---

* 古代和中世纪天文学术语,是天上的一个透明领域,位于恒星(fixed stars)和第十层天(*primum mobile*)之间,以说明岁差(equinox)和其他星体运动。
——编者注

他认为,行星按照圆形轨道运行。结果,他的《天体运行论》(*On the Revolution of Heavenly Spheres*)[2]一书所提出的天体运行模式,并不比托勒密的模式更成功。天主教与新教的许多学者纷纷谴责这一新理论,他们认为,这是在攻击圣经,蔑视人类的尊严。因为这个世界不再是上帝所创造的宇宙的中心了!

但是天机已经泄露。后来的天文学家,如乔达诺·布鲁诺(Giordano Bruno)和第谷·布雷赫(Tycho Brache),进一步发展了哥白尼的理论。第谷的门生约翰尼斯·开普勒(Johannes Kepler)用了八年的时间,来研究人们已经观测到的火星运行的现象。他终于成功了,他发现,火星的轨道不是正圆,而是标准的椭圆。如果假设行星的运动轨道是椭圆形,开普勒就能使哥白尼的理论臻于完善。

82

哥白尼理论在伽利略的实验中得到证实,而最令人惊讶的是,费迪南·麦哲伦的环球航海旅行也证实了这一理论。麦哲伦的海员们发现,他们航海日志上的日期与他们所停靠的港口的日期不一致(因为他们跨越了国际日期变更线)。这种现象证明,地球是围绕自己的轴心而运转的。

除了科学上的重大变革,众所周知的新教改革运动正在宗教领域进行得如火如荼。在 16 世纪,马丁·路德的"唯独圣经"(*Sola Scriptura*)说对教会的绝对权威提出质疑,基督教世界经历了前所未有的分裂局面。新教徒用圣经的权威来代替罗马教皇与教会的权威,只有绝对可靠的圣经才能引导信徒的良知。

天生的数学家

　　勒内·笛卡尔就出生在这样一个神学、哲学和科学都在经历大变革的时代。1596 年,一直被称为"近代哲学之父"的笛卡尔出生在法国的都兰(Touraine)。他曾在拉·弗莱舍(La Flèche)的耶稣会士学院学习数学、逻辑学和哲学,但他的主科是数学。

　　改变了世界的许多科学上的进步,都是以数学的发展为先导。天文学要求提供一个更连贯、更准确的数学模式,正是对这个模式的探索成为新一代哥白尼式人物的动力。数学是一个注重形式的领域,正是在这个领域内的新发现,引起了注重内容的自然科学领域内的诸多发现。我们知道,从某种意义上说,数学是逻辑学的延伸,是一种符号逻辑。这是一个要求纯粹形式的证明的领域,在这个领域内,感性知觉的异想天开被彻底克服了或超越了;怀疑论者是不可能征服这个领域的。任何数量的等价物都不可能使 3+4 不等于 7。

　　漫游欧洲之后,1628 年,笛卡尔定居荷兰。1631 年,他开始在这里撰写他的第一部著作《方法论》(*Discourse on Method*)。[3]他的写作动力来自他对确定性的追求。哲学已经陷入混乱的泥潭。科学正在与宗教斤斤计较。基督教会由于要求互相对立的权威而分崩离析。为了在一片混乱中求得确定性,笛卡尔把目光转向数学。他要寻找一种能够与数学模式相媲美的思想体系或思想方法。在数学上,心灵能够清楚地、直接地把握真理,因此数学真理既清楚,又明确。

数学模式有两大支柱,即演绎与笛卡尔所谓的直观。演绎推理是从普遍概念到个别事物的推论,与归纳推理正好相反,因为归纳推理是从个别事物到普遍概念的推论。考察下面这个典型的三段论,读者就会看出演绎与归纳的不同:

前提 1:所有的人都会死。
前提 2:苏格拉底是人。
结论:因此苏格拉底也会死。

第一个前提是全称肯定命题(universal affirmative statement):某一类别(即人)的所有组成部分都具有会死这种属性或谓词。第二个前提是特称肯定命题(particular affirmative statement):某一特殊个体(苏格拉底)属于人这个类别。苏格拉底也会死这个结论(这是一个特称肯定命题)是按照逻辑确定性推导出来的。根据直接推理的法则,如果某一类别的所有组成部分都具有某种属性,那么这个类别的某个组成部分也必然具有这一属性。

三段论既不真,也不假:它要么有效,要么无效,关键在于结论是否来自两个前提。唯**命题**才有真假之分。逻辑所能检验的是命题之间或陈述之间的关系。上述三段论以**演绎**的方式证明:如果所有的人都会死,如果苏格拉底是人,那么苏格拉底会死的结论毫无疑问是正确的,是可以证明的。

84

　　这是否证明苏格拉底会死呢？不一定。只有在这个三段论的两个前提都正确的情况下，这个结论才是正确的。我们怎么知道所有的人都会死呢？这个全称命题建立在**归纳**的基础上。如果我们知道，1850 年以前出生的所有的人都已经死了，我们就获得大量的具体样本，这些样本有一个共同的属性，即死亡。但是假设现在活着的这一代人是长生不老的人类的祖先。尽管这是完全不可能的，但是在理论上这并不是不可能的。再比如目前在世的人口的数量，很可能大于 1850 年以前出生的所有人口的数量，于是我们发现，在以归纳的方式研究了不到二分之一的人口以后，我们就"跳跃式地提出"一个关于他们全体的结论。

　　假如地球上爆发了核战争，所有的人都死了，只有你幸免于难。在这种情况下，你能以演绎的方式认识到，所有的人都会死吗？你是不会以绝对的确定性得出这个结论的。也许只有你才能推翻这个普遍的真理。你也会死，这种可能性几乎是毋庸置疑的，但这并非绝对地毋庸置疑。只有在你也死了，没有人能活在这个世界上的时候，你的全称命题才可能被认为是正确的。只有在你死后，你才能得到那个绝对的普遍概念。

　　苏格拉底是人乃上述三段论的第二个前提，这个前提是否也包含上一段所讨论的问题呢？也许苏格拉底仅仅是柏拉图想像出来的一个臆造物。也许他是一个机器人，或来自外层空间的外星人。这些理论假设也许过于离谱或荒诞不经，但是无论它们离我们的生活有多远，它们存在的可

能性多么微乎其微,它们仍然是哲学假设。由此看来,归纳
研究绝不可能达到绝对的形式的确定性,因为它绝不可能
穷尽一切样本。只有形式真理(formal truth,关于形式或本
质的真理),才能提供哲学上的确定性。

　　笛卡尔用演绎法来寻找直观的知识。所谓直观,他并
不是指我们心中的某种预感或情绪。他认为,直观是一种
清楚明确的思想活动,它不会在我们心中产生任何疑惑。
直觉知识的例证之一是,三角形必然具有三个边。

　　笛卡尔在《方法论》中提出了人们在探求真理时应当遵
循的四个原则:(1)绝不要把尚未被证明是正确的东西,不
假思索地当作是正确的;(2)把你思考的每一个难题根据
需要而分为尽可能多的组成部分,然后再去解决这个问题;
(3)以最简单、最容易认识的事物为思想的出发点,然后逐
步认识那些比较复杂的事物;(4)在任何情况下都要使你
所列举的例证具有完备性,你所做出的评论具有普遍性,以
便你能有把握地说,你没有疏漏或遗忘任何事物。

　　在后来一篇没有写完的论文中,笛卡尔又增加了几个原
则。《指导心灵的规则》(*Rules for the Direction of the Mind*)[4]
提出二十一个原则,其中的一个原则是:不要研究别人已经
思考过的事物,也不要研究自己虚构出来的事物,而要研究
你能够清楚地理解和明确地推论的那些事物。

　　笛卡尔主张彻底的自我批判。在学习过程中,我们会吸
收许多思想和理论,我们会无缘无故和不加批判地接受其中
的很多观念。我们很容易为"情感的束缚"(love lines)所俘

85

虏,因为它能把我们束缚在家庭、朋友,甚至远亲近邻的狭小范围之内,使我们心怀偏见,只赞同他们的看法。绝不能仅仅因为我们的恩师说过,某件事情是真的,或我们的父母要我们相信,某件事情是真的,我们就认为它是真的。

笛卡尔的方法旨在不懈地探索基本的真理,这种真理清楚明确,其他一切真理可以之为试金石。他希望这些基本真理具有完全可靠的确定性,这样,他就能钻到自己的荷兰火炉中,以置身事外的方式来演绎世界万物。

为了找到这些清楚明白的基本观念,笛卡尔提出一个严密而系统的怀疑过程,足以使怀疑论者称羡。凡是能够引起他怀疑的事物,他都斥之为虚妄不实。举例来说,我怎么知道此时此刻,我手里正握着一支笔,在一张纸上写字呢?我怎么知道我不是在做梦,梦见我正在写字呢?他认为,没有任何决定性的证据能够帮助我们确定,某人是否在睡觉。(关于记忆力的一些难题常常使我困惑不解。我曾经做过一些非常生动而难忘的梦,几年以后,我都不敢说我究竟是在回忆一场梦,还是在回顾一件真实的往事。)

笛卡尔很清楚,我们的感觉可能会欺骗我们。我们应该记得,奥古斯丁讲过,水中的桨看上去是弯的,口干舌燥的沙漠旅行者有时会看到海市蜃楼。如果我看见远处有一个人,然后我举起自己的大拇指,那么这个人看上去就和我的指甲盖一样大。

在谈到做梦时,笛卡尔又求助于数学的确定性。无论我是在做梦,还是醒着,4+3 总是等于 7。但是如果宇宙的

主宰者是一个心怀恶意的上帝或魔鬼,那么即使 4+3 等于 7
也可能是错的,因为这个主宰者能以欺骗的手段让我相信
4+3 等于 7。

　　宗教权威们莫衷一是,因此笛卡尔说,他们不可能是真
理的最终评判者。在怀疑过程的这个阶段,笛卡尔开始寻
找具有确定性的真理,至少要发现一条真理,一条能够作为
毋庸置疑的第一原理的基本真理,一条不证自明的真理,一
条能够使他演绎其他真理的真理。

　　如果说笛卡尔是一个名人,那一定是因为他提出了这样
的名言:"我思,故我在。"(*Cogito, ergo sum.*)无论笛卡尔不　　87
知道什么,他一定知道,他是一个思想者或是一个思考的存
在者(being)。要怀疑我现在正在思考的真实性,我必须进
行思考。我怀疑我在思考时,就在肯定我在思考。要想进行
思考,我就必须存在,因为思想的活动要求有一个思想者。

　　我们必须指出,这个第一原理(我思,故我在)至少包含
两个没有明确交代的假设。第一个假设是非矛盾律。笛卡
尔的名言具有不证自明的真理性,这种真理性的部分原因
在于,某人不能在同一时间、同一关系中既思考,又不思考。
这一形式真理是某人自己能够意识到的存在的确定性的基
础。第二个假设是因果律。这一形式真理得出的结论是,
思想要求有一个思想者。

上帝的存在

　　根据第一原理,笛卡尔推论出关于他自己存在的确定

性。但是这与其他事物的存在,与世界的存在,与上帝的存在,究竟有何关系呢? 笛卡尔如何才能超越自我意识的界限,而达到其他实际存在的事物呢?

　　笛卡尔以剖析自己的怀疑活动为出发点。他知道,他正在怀疑,因为他怀疑他正在怀疑时,就确定了怀疑。怀疑怀疑本身就是怀疑(To doubt doubt is to doubt)。对笛卡尔来说,要想知道他正在怀疑,他必须首先知道,他没有确定性。没有确定性的意思是,他已经认识到不完美的事物来自完美的事物。他的推论是,要想认识这一点,他首先必须有完美的观念(这至少是一个具有确定性的观念)。这个清楚明白的完美观念必有其来源。他的推论是,结果不可能比原因更充实。只有完美的存在(a perfect being)才能成为完美观念的原因。如果完美观念具有实在性,那么这个观念的原因也必然具有实在性。笛卡尔的结论是,上帝是他那个完美观念的理想原因。对笛卡尔来说,"我思,故我在"与"我思,故上帝在"(Cogito, ergo Deus est)仅一步之遥。

　　在明确地认识到上帝是存在的、是完美的之后,笛卡尔便消除了他心目中关于上帝是一个大骗子的可疑看法。

　　以他自己的存在和上帝的存在为出发点,笛卡尔开始证明外部世界的存在。他试图通过**广延性**(extension)的概念来证明外部世界。尽管上帝不存在的说法是荒谬的(在设想一种完美的存在时,某人必须把这种东西设想为存在,而不能设想为不存在),"没有实际存在的广延性"这一设想与广延性的概念并**不**矛盾。心灵可以设想几何图形的广延性,但这并不能证明,这些图形能够存在于现实之中。除了广延性的概念,我们还有感觉,我们能够感觉到,我们都有一个肉身。我们很容易相信,我们的感觉经验不是来自我们,而是来自(具有广延性的)其他肉体。要么这种思想倾向来自上帝,要么上帝是一个骗子。但是上帝不是骗子;因此我们的感觉经验和广延性观念必然来自外部世界。

思维与物质

　　笛卡尔着力解决的一个主要问题是思维与物质的关系问题。物质世界是广延性的世界。物质必然具有广延性;物质必然占有空间。与此相反,思维没有广延性;思想不会占有空间,思想也不会有重量(即便是被认为"有分量的"思想)。

　　笛卡尔所要解决的问题是,思想与行为究竟是如何联系在一起的。心灵与肉体的关系究竟是什么? 举例来说,为了写完这个句子,我必须有意识地在稿纸上书写。书写是肉体的活动。我心里明白我想写什么,书写行为就来自这种观念。我正在从心灵世界向物质世界转化。刚才我的思路被打断了,因为我觉得,握着笔的一个手指有点儿疼。我整个上午都在写作,手指的痛感促使我中断思路,想一想是否该休息片刻。在这种情况下,思想与行为、物质与心灵的作用过程,都颠倒了。我手指的活动或肉体的感觉成为思想的源泉。

89

这种相互作用的机制究竟是什么？思想与行为，一个既没有广延性，又没有物质性（思想），而另一个既有广延性，又有物质性（行为），问题是，思想如何产生行为？行为又如何产生思想呢？

笛卡尔解决这一问题的方法独出心裁。他求助于自己的数学知识，他认为，思想与行为的相互转化，即他所谓的"相互作用"，是在大脑中松果腺的**某个点**上发生的。在数学中，一个点虽然占有空间，却没有明确的广延性长度。一条线可能包含无数个点。"点"没有任何明确的特征，既没有广延性，**又不是**没有广延性（nor nonextended），因此它可以作为思想和行为的中介。

就其相互作用的理论而言，笛卡尔并没有遵守自己制定的规则，来追求清楚明确的结论。在心灵与肉体的关系问题上，他主张令人困惑的二元论。然而，他对广延性与非广延性的关系问题的思考，为至关重要的因果性问题奠定了基础，他的门徒和其他哲学家将继续探讨这一问题。

笛卡尔的两个门徒就心灵与肉体的关系问题，提出一种名为**偶因论**（occasionalism）的理论。其中的一个叫做阿诺德·鸠林克斯（Arnold Geulincx）的门徒，否认心灵与肉体之间存在任何因果作用。心灵与肉体是两种互相独立的各不相同的实体，一方不能直接作用于另一方。鸠林克斯承认，如果某人打算举起他的胳膊，他的胳膊就会真的动起来。但是他说，心灵或意志并非胳膊能够活动的原因。一切运动的终极原因是上帝。如果我的心灵打算举起我的胳膊,上帝就会创造或引起这种运动。这种理论认为,心灵与肉体的因果作用居于从属地位。由于上帝的原始性因果作用,二者以平行的方式发挥着各自的作用。

第 7 章　近代经验主义之父约翰·洛克

　　17 世纪占主导地位的理性主义并不局限于笛卡尔学派。犹太哲学家巴鲁赫·斯宾诺莎（Baruch Spinoza）继承了勒内·笛卡尔的思想，却为理性主义开辟了一个新方向。斯宾诺莎是数学家，专攻几何学（和笛卡尔一样），他把哲学建立在一些公理之上，人们可以用这些公理来解释实在。

　　思想与行为的关系问题具有重要的神学意义：上帝如何与世界，特别是因果作用，发生关系？笛卡尔试图以相互作用论（interactionism）来回答这个问题。科学在解释自然"规律"的过程中已经取得重要进步，因此，自然仿佛是一台机器，它只按照自己的内部组成部分运转，这一观念越来越深入人心。

　　自然仿佛一台机器的观念对犹太教-基督教的神圣护理（divine providence）理论造成了威胁。因为根据犹太教-基督教的神圣护理观，上帝不仅是宇宙的创造者，而且是宇宙的统治者。自然规律历来被看作上帝的规律。世界万物的

生活、动作和存留都在乎他。根据这种传统观念,世界上的
一切力量均来自上帝,意思是说宇宙不能也不可能独立于
上帝而存在。宇宙的起源和持续存在均依赖上帝的力量。

　　至于因果作用,17 世纪的基督教哲学区分了**第一性**的　　　92
因果作用(primary causality)与**第二性**的因果作用(secondary
causality)。唯有上帝是万物的第一因,但他是通过第二因
发挥作用的。第二因是实实在在的原因,但是它们的效力
说到底还是取决于上帝。

　　举例来说,下雨的时候,青草沾上雨水。我们通常认
为,下雨是这种现象的原因。下雨是原因,青草变湿是这个
原因所产生的结果。上帝的作用何在?传统的回答是,青
草之所以变湿,归根结底还是因为上帝的旨意,上帝能够保
证,雨水从天而降,滋润青草。没有这个第一因,就不会有
第二因(下雨)来做这件事情。

　　有神论的这种世界观,与宇宙以机械的方式,凭借其自
身的力量而运动的观念,是不相容的。有神论者认为,上帝
主宰宇宙;机械论者认为,宇宙不受上帝的干预。二者的对
峙成为当时亟待解决的问题,笛卡尔式的偶因论者见证了
这种对峙,因为他们试图把上帝的活动作为自然的存在及
其"规律"的基础。

实体哲学

　　斯宾诺莎的"实体哲学"选择了一条不同的解决问题的
道路。他的名言"上帝或自然"(*Deus sive natura*)把上帝等

同于整个自然,使人觉得斯宾诺莎是在宣扬泛神论。简单地说,泛神论的意思是,万物即上帝,上帝即万物。这个定义的根本问题在于,它使"上帝"一词变得毫无意义。如果笼统地说上帝即万物,那么具体地说他什么也不是。如果他不能个体化,那么赋予"上帝"一词任何意义,都是毫无必要或毫无意义的。

93   然而,斯宾诺莎的思想并非如此简单。他虽然没有把上帝与世界完全分开,但是他区分了自然的两个方面。他把上帝定义为**实体**,这个实体是独立自存的。实体具有无限多的属性。属性是实体的具体表现;心灵所感觉到的,是实体的属性。万物皆存在于上帝和实体之中,但是实体的诸方面各不相同。

斯宾诺莎区分了"产生自然的自然"(*natura naturans*)与"被自然产生的自然"(*natura naturata*)。区别何在?"产生自然的自然"指的是上帝的实体以及上帝借以发挥作用的那些属性。"被自然产生的自然"指的是上帝属性的存在样式,或上帝借以在世界中表达、显现自身的那些方式。

在斯宾诺莎看来,属性是实体的具体表现,样式(mode)是属性的具体表现。世界上的思想和行为都是在样式中发生的,而所有的样式最终被上帝的实体决定。现实的所有样式自古以来早已确定。我们可以把思想和行为区分开,但它们是不可分割的。它们的"相互作用"来自实体。所有已经发生的事情,都是按照必然性发生的。

前定的和谐

　　莱布尼兹(Gottfried Wilhelm Leibnitz)出生于 1646 年，是一位颇有建树的数学家。他享有在牛顿(Issac Newton)之前发明微积分理论之美誉，尽管牛顿声称，是他最早建立了该理论。莱布尼兹提出一种复杂的宇宙论，这个理论的基础是他所谓的"单子"(monad)，单子是实在的基本微粒。

　　我们希望莱布尼兹所谓的**前定的和谐**(preestablished harmony)能够解决那个令人困惑的思想与行为的关系问题。实在的每一个单独的个体，或单子，都是按照其独特的固有的目的进行运动的。尽管每一个单子与其他任何单子互不相干，单子的运动却表现出高度的一致性。单凭近因/直接原因(proximate/immediate cause)，我们还不能充分地解释事件的发生；某物的直接原因不能充分解释该物的全部。直接原因可能是某一结果的**动力因**(efficient reason)，但不是该结果的**充分理由**(sufficient reason)。充分理由不是近因，而是远因。(莱布尼兹是在为宇宙表现出的设计特征寻找一种解释，说明宇宙为什么会呈现出有序状态而不是无序状态。)

　　莱布尼兹说，如果我们仅仅知道某些事情的许许多多具体原因，我们也许能够解释某个简单行为或事件的原因，但是我们无法解释，所有这些原因究竟是如何联系在一起的。这是古人早已提出的一与多、统一性与多样性的关系问题。许许多多的具体原因可能产生一个多元宇宙(multiverse)，却不可能产生一个一元宇宙(universe)。要想

94

为宇宙整体寻找一个充足理由,我们就必须超越具体原因的链条,找到一种超验的原因(transcendent cause)。只有超验的原因或"第一因",才能作为我们所谓的第二因的充分理由。

因为所有的单子及其相互关系最终都是由上帝确定的,所以莱布尼兹认为,我们生活的这个世界,是所有可能的世界中最好的一个。人们通常认为,莱布尼兹是伏尔泰笔下的潘格洛斯博士(Dr. Pangloss)的原型。[1]

解密洛克

如果我们可以把笛卡尔看作近代理性主义之父,那么"近代经验主义之父"的美誉理当属于约翰·洛克(John Locke,1632－1704;但是有人认为,这个美誉应当属于培根[Francis Bacon])。洛克一生的大部分时间是在 17 世纪度过的,但其影响大多发生在 18 世纪,因此 18 世纪通常被称为英国的经验主义时代。

洛克对理性主义的批判,主要针对其天赋观念,或先验知识(*a priori* knowledge)的主张。洛克关于这一问题的主要著作,也是他最著名的著作,是《人类理解论》(*An Essay Concerning Human Understanding*)[2],出版于 1690 年。

洛克着力研究认识论的基本问题。他力图揭示人类获得知识的**方式**,和笛卡尔一样,他也想指出,我们究竟能认识**什么**。要回答第二个问题,就必须首先回答第一个问题:我们获得知识的**方式**决定了我们究竟能认识**什么**。

　　笛卡尔的名言"我思，故我在"使他闻名于世，洛克的
"白板说"（*tabula rasa*）也使他名扬四海。洛克首先对理性
主义者所谓清晰明确的天赋观念提出质疑。他怀疑天赋观
念的存在，因为他不相信这些观念具有普遍性。他说，不是
所有人都知道非矛盾律和因果性一类的观念。例如，儿童
和弱智的人就不知道这些定律（康德等哲学家反对这种观
点）。但是洛克承认，人们"普遍愿意"认可这些定律（这种
说法却增强了论敌的说服力）。

　　在洛克看来，新降生的婴儿没有任何天赋观念。新生
婴儿的心灵是一块白板，他的心灵尚未书写任何文字。所
有知识，包括非矛盾律，都是通过经验学到的。因此，所有
知识都是**后天的**（*a posteriori*）。（后天知识的形成"晚于"经
验，**先天**知识的形成"先于"经验。）

　　洛克认为，知识的出发点是简单**观念**（simple idea）。简
单观念是所有知识的原料或积木。他把观念定义为心灵中
的任何事物。简单观念有两个来源：**感觉**和**反省**。感觉是
简单观念的主要来源。

　　人有五种感觉，即视觉（看的能力）、听觉（听的能力）、
触觉（触知的能力）、嗅觉（嗅知的能力），以及味觉。通过
感觉器官体验到的那些**感觉**，我们就能获得诸如白色与蓝
色、热与冷、苦与甜、硬与软、香与臭的观念。五官感觉到
的，就是所谓的"经验"实在。

　　反省是指认识、思考、怀疑、推理、意愿等心灵活动。

　　所有观念皆可追溯至感觉或反省。所有观念要么是简

96

单观念,要么是复杂观念(complex idea)。

　　简单观念是单一的、纯粹的,不能进一步分解为其他部分。例如,巴赫(Johann Sebastian Bach)的乐曲可以分解为一些互不相干的独立音符——这些音符本身是单一的、但它们组成的乐章是复合的。

　　洛克列出四种简单观念。第一种是我们刚才描述的那些互不相干的感觉材料。第二种是一些互不相干的反省活动。第三种是不同感觉共同作用而产生的一些性质(我看见烤架上放着一块牛排,同时我还闻到它的香味,听到它的咝咝声)。第四种是感觉和反省共同作用而产生的一些观念。

复杂观念

　　洛克解释说,复杂观念以简单观念为原料。接受简单观念时,心灵处于较为被动的状态。心灵仿佛一块人们能在上面书写的写字板。写字板并不会书写,它只能接受人们书写的文字。为了把简单观念变成复杂观念,心灵必须积极行动起来,其作用更像一台计算机,而不像一块单纯的写字板。心灵的基本活动包括**组合**、**比较**和**区分**,有时,这些活动又分别被称为**混合**、**抽象**和**连接**。在这个过程中,心灵能够把不同观念结合在一起,也能把它们个体化,或把它们区分开。

　　例如,空间的简单观念来自我们对两个物体之间的距离的认识。单个的空间经验反复出现,我们便把这种经验扩展为无限空间的复杂观念。从对秒的相似经验出发,我们提出了永恒的复杂观念,尽管我们从未经验到永恒本身。虽然永恒的这一观念是先天的(就是说,它先于对永恒的经验),但它仍然具有后天性,因为其基础是此前对时间段的体验。

人们肯定会问,时间或空间观念是否真正的"简单"观念。例如,只有把两个事物的简单感觉联系起来,我们才能形成空间观念(后来的大卫·休谟将提出这个问题)。

为了解释语言现象,洛克必须说明复杂观念的形成过程。

这里,我们再次遇到了普遍观念这个老问题。洛克认为,普遍观念没有实在性,只有个体事物才能存在。但是(像唯名论者那样)他不想说,普遍观念不过是心灵产生出来的一些名目。他承认,心灵能够"创造"普遍观念,但是(像形而上学的怀疑论者那样),他得出这样的结论:我们不能认识事物真正的本质。

在真理问题上,洛克坚持"符合"说,这就避免了纯粹的主观主义或相对主义。他把真理定义为"符合实在"的知识。这就是薛华(Francis Schaeffer)的"真正的真理"(true truth)。薛华在使用这个词语时,既没有说话结巴,也没有同语反复;他是要说,真理是客观的,并不依赖单纯的认识主体。

在谈到理论联系实际的问题时,洛克所谓客观真理的问题就出现了。他必须面对主客关系这个古老的问题:必

须以主观的方式来把握客观真理。我怎么能保证,实在就
是它对我显现的那样呢? 我的五种感觉是我的心灵和外在
于我的世界之间的桥梁。我能依靠感性知觉来认识客观世
界吗? 洛克已经认识到这个主客关系的问题。他解决这个
问题的办法是,区分事物的第一性质(primary quality)与第
二性质(secondary quality)。

第一性质与第二性质

洛克承认,我们不能直接感知事物的本质,因此他必须
说明,我们是如何认识实在的。在洛克看来,我们认识实在
的方式是,感知事物的**各种性质**。他把事物的性质分为**第
一性质**与**第二性质**。第一性质是事物本身固有的。如果我
们认识了某物的第一性质,我们就认识了这个事物本身。
我们不能感知事物的本质,但是通过感知事物的第一性质,
我们就能经验到它的客观实在性。第一性质与事物本身**不
可分割**,如亚里士多德所言,**偶性**与**实体**不可分割。例如,
棒球看上去是圆的,因为它**就是**圆的。投手在投掷棒球时,
棒球好像在运动,因为它"真的"在运动。第一性质是指事
物的坚固性(棒球摸上去有硬度,因为它具有坚固性)、广延
性、形状、运动或静止,以及数量(如果我们只看到一个棒
球,我们就相信只有一个棒球,因为在这个时间,并没有出
现两个棒球)。

第二性质不是事物本身固有的,毋宁说它们是事物**通
过我们**(in us)而产生的一些性质。例如我们说,棒球是白

色的,但白色不是棒球固有的。如果把灯关上,棒球就不会
有任何颜色。同样的道理,我们以为雪球很冷,但冷不是雪
球固有的特性。毋宁说与我们的体温相比,我们觉得它很
冷(后来的研究发现,冷不过是缺乏热量)。如果把冰块放
到一杯茶里,那并不是冰块的冷传给了茶,相反,是冰块吸
收了茶的热量,降低了茶的温度。某个冬日,我得了感冒,
这不是因为冬天的空气使我觉得冷,而是因为我身体的热
量在抵御周围冷空气的过程中消耗了。对洛克来说,第二
性质是指颜色、声音、滋味、气味等属性。我可能觉得某个
东西"很臭",因为它不符合我的嗅觉,但臭味不是这个事物
固有的。有人觉得花椰菜好吃,有人觉得它不好吃。这些
都是主观感受。

99

　　至于能够产生第一性质和第二性质的实体,洛克采取
了一般人的看法。他认为,我们有必要假设,感性知觉基本
上是可靠的。我们必须假设,感觉起源于某种不同于我们
心灵感受的事物。实体是感觉的原因。没有实体性的实
在,就不可能有感觉。洛克借鉴了笛卡尔的逻辑,认为如果
没有某种能够思维的事物,就不可能有思维活动。

　　至于有神论,洛克认为,上帝的观念缺乏清晰性和明确
性,也不是人心固有的。但是他并不反对这个观念,反而认
为,经验论可以证明上帝的存在。这并不是说,我们能够从
经验上感知上帝本身,而是说,上帝的存在是反省推理的必
然结果。和实体观念一样,上帝观念也是从其他简单观念
那里推论出来的。认识上帝的方法不是观察,而是**推理**

（demonstration）。

只有通过推理才能认识上帝；要认识上帝，就必须使用逻辑，这是一种直观的（intuitive）逻辑。洛克同意这种观点的依据是直观知识。例如，我们清楚地知道，正方形不是圆形。直观知识能够清楚地告诉我们，非实体（nonentity）不可能产生真正的存在物。如果是这样，那么某物必定是自始至终一直存在，否则现在就不会、也不可能有任何事物。洛克认为，关于上帝存在的知识比感官尚未直接呈现于我们的任何知识更可靠。

100 ## 政治哲学

在美国，洛克的政治理论可能比他的认识论更有影响。他的《政府论》（*Two Treatises of Civil Government*）³在英国和美国产生了持久的影响力。洛克说，自然法（*lex naturalis*）是所有法律的基础，而上帝的永恒律法（*lex aeternitatis*）又是自然法的基础。

洛克区分了三种不同的法律：（1）舆论的法律，（2）公民的法律，（3）上帝的律法（参见下页图 7.1）。舆论的法律指的是建立在舆论之上的一些普遍准则。这是"时尚的法律"，因为它只能反映流行的习俗，或某个社会团体的喜好。用现代的术语说，我们可以称之为"当代的社会准则"。这种法律也许会反映在公民的法律中，不过它迟早会被写入法律。然而，它毕竟不同于公民的法律，除非它被制定为法律。舆论的法律是借助具有道德约束力的舆论力量"付诸实施"的,而不是借助于警察或法庭的力量。

　　公民的法律是由政府颁布,由执法机关付诸实施的。公民法律的优点与自然法的准则形成鲜明的对照,而自然法的基础是上帝的律法。"创造主赋予他们一些不可剥夺的权利……"诸如此类的语言所表达的,完全是洛克的思想。洛克认为,不读圣经,单凭那些崇高的道德准则,我们也能认识上帝的律法。通过自然理性,我们能够认识上帝的律法,因为我们是通过自然法来认识上帝的律法的。他认为,像数学定律那样,上帝的道德律也是可以证明的。

　　洛克还为这些道德律提出几个例证。第一个例证是,没有财产,就没有不义之举。财产的观念包含对某物的权利。如果某人的权利受到侵犯,不正义的事情就出现了,例如,他的私有财产被盗了。第二个例证是,任何政府都不会

101

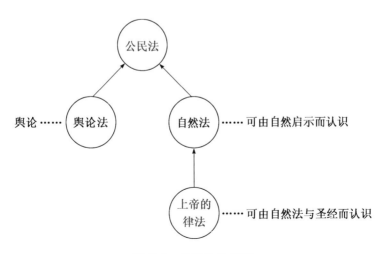

图 7.1　公民法的起源

允许绝对的自由。每一个政府都会制定一些法律,而每一条法律必然会限制某人的自由。例如,盗贼有进行盗窃却不受惩罚的自由,而防止盗窃的法律会限制盗贼的这种自由。就分析方法而言,这个原理是正确的。

洛克认为,私有财产权比公民的法律更重要,因为它们的基础是自然法。限制某些人(例如盗贼)的自由是必要的,因为在自然状态中,罪恶是存在的。在没有公民政府的自然状态中,"人民的法律",也就是"强权即公理"的准则,肆行无忌。要想保护某些人,使其不受另外一些人的侵犯,就必须建立一个政府。如奥古斯丁所言,政府与其说是一种必不可少的恶,毋宁说是由恶产生的一种必然结果。

为了建立一个有序而公平的社会,某个团体的成员同意限制其某些自由。国家就建立在这种自主协议或**社会契约**之上。建立政府是为了促进公民的共同利益。建立法庭是为了调解个人之间的纠纷,伸张正义。人们不是把**全部**自由都交给国家,而是把能够实现其自然目的的那些自由交给国家,他们的自然目的就是保障生命和私有财产的安全。联系起来看,二者的意思是,人们自然会"追求幸福"。

洛克认为,自然理性将奉劝大多数人去追求一种进步开明的自身利益。他拥护的是这样一种国家,在这个国家,政治权利能够反映大多数人的意愿。然而,一个正义国家的法律不应当仅仅建立在多数人的意见之上,而应当以公众利益为目的,如自然法所揭示的那些利益。自然法应当保护个人,使其免受大多数人的专制统治。共和制(按照法律治理国家)与单纯的民主制(只按照人们的意愿治理国家)的区别在此已现端倪。

第8章 怀疑论者大卫·休谟

在约翰·洛克的理论和大卫·休谟那极具破坏性的怀疑论之间,有一个耐人寻味的人物:乔治·贝克莱(George Berkeley)。虽然贝克莱也研究数学和逻辑,但其主要兴趣还是在哲学和神学方面。1685 年,贝克莱出生于爱尔兰。1700 年,他开始在都柏林的三一学院(Trinity College)上大学。他是英国圣公会牧师,1734 年晋升为主教。他曾在美国逗留三年,在此期间,他很可能与美国哲学天才乔纳森·爱德华兹多次会面。

贝克莱以其聚讼纷纭的名言"存在就是被感知"(*Esse est percipi*)而声名远扬,人们以各种方式取笑这句话。这固然是一个经过仔细推敲的认识论命题,却引发了下列问题:"假如树林中倒了一棵树,谁也没有听到它倒下,它发出过任何声响吗?"用更时髦、"政治上更正确"的话来说,"假如一个男人说了某些话,一个女人却没有听到这些话,这是不是他的错呢?"

"存在就是被感知"这句名言旨在概括贝克莱思想的实质。以下论点是他分析人类知识的出发点：任何事物，无论可能或不可能真实地存在于我们之外，我们都只能认识那些在我们的感觉上留下真实印象的事物，或者是那些能够使我们回想起自己的感觉的事物，以及通过反省我们的观念而获得的那些知识。换言之，我们所能认识的，就是观念。形而上学所谓的本质或自在之物被看作知识之树的根基，贝克莱的利斧就砍向这个根基。从某种意义上说，贝克莱认为，洛克区分第一性质与第二性质是武断的。在贝克莱看来，所有属性皆为第二性质，因为只有被感知，事物才能存在。

104

表 8.1　近代哲学家名言录

Cogito, ergo sum.	我思，故我在。	勒内·笛卡尔
Deus sive natura	上帝或自然	巴鲁克·斯宾诺莎
Tabula rasa	白板（指人刚出生时的心灵）	约翰·洛克
Esse est percipi.	存在就是被感知。	乔治·贝克莱

但贝克莱的理论绝不是简单地退回到主观主义那里。他所否认的，不是客观实在的真实存在，而是客观实在如果不被感知，也能存在。他区分了心灵的活动（*percipere*）和心灵接受的印象（*percipi*），以及能动的想象力的产物和被动地接受的感性印象，前者是任意的虚构，后者的发生与人的意志无关。

　　昨天晚上睡觉以前,我喂过鱼,鱼养在我屋子外面的一个池塘里。今天早上醒来之后,我又到屋子外面喂鱼。我在睡觉时,不能感知鱼和池塘,在这种情况下,它们还能继续存在吗?我们可以**假设**,昨天夜里它们照样存在,因为今天早上它们还在那里,但是昨天夜里,它们不在我"心里",因为我没有感知到它们。我昨天夜里就有了对池塘和鱼的**观念**,今天早上这个观念依然存在。在这两个不同的时间,我对池塘和鱼的感知都是被动的,不知不觉的。我没有凭空捏造这些东西。为了解释鱼和池塘的持续存在,其他哲学家提出一个抽象概念:物质实体,这是我绝对无法感知的一种外部实在。

105　　观念或知觉的次序所涉及的规律性问题,促使人们假设,外部实在有一个连续不断的物质基础,自然事物的相互作用与自然的和机械的原因有关。

　　例如,科学"解释说",潮汐的成因是月球产生的引力或"吸引力",下落的物体由于地球引力而落向地面,而地球引力本身是不可感知的。科学家对这种神奇的吸引力的描述是:物质的两个粒子之间有吸引力,这引力与两个粒子之间的距离的平方成反比,与它们的质量乘积成正比。

　　20世纪的基督徒哲学家戈登·克拉克对这种神秘的吸引力提出质疑:"引力"概念真的能扩大我们的知识吗?一个原子会涂脂抹粉,洒上香水,梳妆打扮,以便"吸引"另一个原子吗?**吸引力**仅仅是用来掩饰我们的无知的托辞吗?我们是否把本体性的力量或存在赋予"吸引力"这个概念,正如我们曾经也把这种力量或存在赋予"偶然性"这个概念呢?

阅读 18 世纪思想家的著作时,我们常常会遇到"活力"(animal spirits)这个词,指称我们神经系统中神经冲动之源。这样随意地谈论活力,不禁让人发笑,我们觉得,这些概念幼稚可笑,毫无道理。问题是,与现在的术语相比,它们是否更不合理呢?它们同样是不可感知的。

对一个事件、一个过程或一种运动的描述,未必是一种解释。即使我们的描述能够表述为数学方程,具有某种预见能力,这是否意味着,我们已经**认识**了实在呢?和托勒密的地心说一样,我们的理论能够"拯救现象",却不能准确地反映实在。

以能量的本质为例。我们的问题是:什么"是"能量?回答也许是,"能量就是做功的能力。"但是我们可以进一步追问:我们不是在问,能量能够**做**什么,而是在问,能量究竟**是**什么。回答也许是"$E = MC^2$"。我们会立刻提出以下反驳:"我们不是在问能量的数学公式,而是在问能量的本质。能量与怪物(boojum)有何区别?能量与活力有何区别?能量与引力有何区别?"我们不能直接感知能量,它却是现代经验科学不可动摇的理论基础。

这并不意味着,能量一类的东西是多余的假设。相反,这是解释未知现象的一种理论。如果物质本身是不可感知的,那么能量,作为物质的必然结果,作为同样不可感知的一种本质,怎么就能被认识呢?

106

于是贝克莱求助于上帝,以上帝作为不由自主的观念(involuntary ideas)的最终源泉。他用上帝来解释存在于不同主体间的现实世界的客观性。上帝成为不可或缺的感知者,他的观念成为所有实在的基础。

我们发现,真理符合说(符合实在的知识就是真理)在这里得到修正。贝克莱对这个定义的修正是:真理是符合实在的知识,一如上帝所感知的那样。上帝是一个异乎寻常的感知者,实在通过上帝的观念而存在,而且存在于这些观念之中。我睡觉时,池塘和鱼仍然存在,因为上帝时刻都能感知到它们。(这是"持续创世"[continual creation]这个难解的神学概念的基础。)

大卫·休谟

众所周知,阅读大卫·休谟的著作,我们就步入英国经验主义的"墓地"。他把经验主义的方法发展到怀疑论的极端。很多人认为,休谟彻底推翻了因果律,与此同时,他打开了思想的另一扇大门:任何事物都可能产生任何事物(我们将会看到,这句话所谓的"产生",仍然以因果律为基础)。休谟对因果律的批评使他闻名遐迩,不过,在讨论这个理论以前,我们必须首先考察他的认识论。

1711 年,休谟出生于苏格兰的爱丁堡。他曾在法国和欧洲大陆的其他国家逗留多年,结识了让-雅克·卢梭(Jean-Jacques Rousseau)和亚当·斯密(Adam Smith)等名人。1739 年,他出版了《人性论》(*A Treatise of Human*

Nature)[1]，却没有产生任何影响。不过，他的《道德与政治文集》(*Essays Moral and Political*)[2]影响很大，此后，他修订了《人性论》，将其改名为《人类理解力研究》(*An Enquiry Concerning Human Understanding*)[3]，这本书现在已经成为哲学经典。他还写了其他一些重要著作，其中包括他死后才发表的《自然宗教对话录》(*Dialogue Concerning Natural Religion*)[4]。1776 年，他在爱丁堡与世长辞，留下一笔财富。

　　在讨论认识论时，休谟认为，心灵的所有内容可以归结为来自感觉经验或**知觉**(perceptions)的材料。知觉有两种表现形式：**印象**(impression)与**观念**(idea)。印象是原始材料；观念是印象的摹本或记忆。心灵能回想起来的那些事物(观念)，与原始印象的**强烈程度**(intensity)或**活跃程度**(vivacity)有直接的关系——就是说，与原始印象的"生动"(liveliness)程度有关。

　　研究记忆力的专家注意到这个问题，他们试图通过非常精密的仪器来获得心灵的原始印象。记忆专家把数字转化为(有时显得稀奇古怪的)图像，以便使数字看上去更生动，而不是更抽象。任何一个学外语的学生都知道，名词比动词好记，而动词比介词或连词好记，因为名词比动词更具体、更形象，而动词比介词更善于表达强烈的行为。(有人认为，乔纳森·爱德华兹讲道时，就有意识地利用了这种生动性和强烈性的观念，以便产生"持久的印象"。)

　　在休谟看来，没有印象，就没有观念。就起源而言，所有观念都以简单印象为基础。但是，并非所有印象都起源于感觉。有些印象来自我们对感觉的**反省**。我们的欲望、情绪和情感,常常来自我们反省过的观念。

我们能够根据简单观念和印象,构造复杂观念,这种能力就是**想像力**(imagination)。想像力能够对互不相干的感觉材料进行组合与再组合。休谟说,凡是**不同的**(distinct)东西,都是**可以分辨的**(distinguishable);凡是可以分辨的东西,都是可以通过思想或想像力**区分的**(separable)。我们的所有知觉,在我们所拥有的范围内是"不同的"。如果它们是**不同的**,它们必然也是**可以区分的**。例如,心灵能够发现树木与蝴蝶的不同。因此,树木和蝴蝶可以被设想为**独立**(separately)存在的,它们的确能独立存在而互不矛盾。

只要观念具有不同的性质,想象力就能把它们联系起来。观念的这些性质包括:(1)相似性,(2)时间上和空间上的连续性,(3)原因和结果。举例来说,一幅图画能够通过相似性,把我们的思想带回到图画的原型;某所房子里的一间屋子,能促使我们了解这所房子里的其他屋子(这是连续性的观念在发挥作用);一个伤口能使人想起它曾产生的那种疼痛(这是原因与结果的观念在发挥作用)。观念就是以这三种方式联系在一起的,但是休谟认为,知识的最重要基础是因果观念。这是全部知识之有效性的基础。假如因果原理是有缺陷的,那就不可能有任何可靠的知识。

因果律

休谟对因果性的研究,以追溯因果性观念的起源为出发点。他指出,笛卡尔式的机缘论者、斯宾诺莎、莱布尼兹、洛克、贝克莱等,都提出了自己的因果理论,但是,这些理论没有就某一事件或行为的真正原因达成任何共识。这种现象是思想和广延性直接相互作用的结果吗？是上帝的一次偶然作为吗？是实体及其属性和样式的表现吗？是前定和谐的一个范例吗？是上帝持续不断的感知的结果吗？

109

　　休谟的分析是这样的:因果观念起源于我们对事物之间某些关系的反省。因果律称,A 是 B 的原因。我们是如何**知道** A 是 B 的原因呢？经验为我们提供了三个谈论因果关系的理由。首先,A 和 B 在空间上总是很接近(**相邻原则**)。其次,原因总是先于结果(**时间上在先**)。最后,我们总是发现,B 随着 A 的出现而出现(**总是联系在一起**)。这三个理由共同构成一个人们普遍认可的假设:A 和 B 之间存在某种**必然联系**。休谟对此表示质疑。

　　休谟说,因果性假设的第一个基础是人们习以为常的那些关系。举例来说,我们多次发现,下雨之后,草上都是水。首先,下雨和草上的水是**相邻的**,二者在空间上紧紧相连;如果雨下在我的前院,那里就会变湿。其次,我的草坪变湿,是在下雨之后,而不是在下雨之前(**时间上在先**)。最后,每当雨下在我的前院(A),草总会变湿(B)。这种现象表明,下雨和草变湿之间有一种人们习以为常的关系(**总是联系在一起**),我假定,这就是一种必然联系。

　　休谟举了台球的例子做说明,大意如下。要想把球 9 打进球袋,我必须拿起球杆,在球杆前端抹上巧克粉,然后对

110　准母球,把母球的运动路线调整到它能够撞击目标球(球
9),这样,母球才能使目标球运动起来,使其顺利进入球袋。
这个过程包含几个动作。为了使球杆击中母球,我必须运
动自己的手臂,使球杆开始运动。我用球杆击打处于静止
状态的母球,然后,母球开始运动,撞击球9。于是,球9开
始向球袋运动(如果我瞄准和击打都很准确)。如下图 8.1
所示。

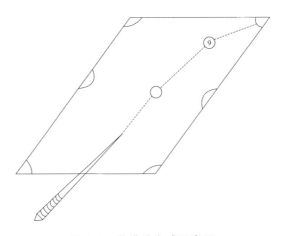

图 8.1　休谟的台球示意图

　　在这个过程中,我认为,我的手臂运动引起球杆的运动,
球杆的运动引起母球的运动,母球的运动引起目标球的运
动,目标球的运动导致它进入球袋。

　　由于这些事物之间存在**相邻关系**,即一种行为**在时间
上先于**另一种行为,这种现象多次反复,于是我认为,这些
行为**总是联系在一起**,因此我假设,它们之间具有因果关

系。但是,我怎么能肯定地说,在提出这个假设时,我没有犯"在此之后即因此之故"(*post hoc*, *ergo proper hoc*)这个典型的不合规范的逻辑错误呢?旭日初升时,雄鸡报晓,我们能说,公鸡是太阳升起的"原因"吗?假如公鸡灭绝了,太阳就不会再升起吗?

我们可能把错误的原因归诸某一结果,这个事实并不意味着所有原因都是"错误的"。休谟没有证明,**任何事物都不能**使草变湿,或使台球开始运动。其实,他不可能证明这是真的。因果律只是非矛盾律(某物不可能在同一时间、同一意义上或关系中,**既是**它自己,又**不是**它自己)的抽象的表达形式。要想推翻因果律,人们必须首先推翻非矛盾律。但是,奥古斯丁已经证明,要想合理地推翻非矛盾律,人们首先必须承认,非矛盾律是有效的。

我们知道,因果律只是主张,任何结果必然有一个在它之前的原因。从分析的角度看,这个定律是正确的,不可反驳的——根据定义,这是一个正确判断。从定义看,结果就是原因引致的后果,反之,原因就是产生结果的一种东西。当然,这本身还不能证明,因果性这种东西是存在的。举例来说,假如我们生活在一个没有结果的世界上,那也就不会有任何原因。反之,假如我们生活在一个没有原因的世界上,那也就不会有任何结果。但是,假如我们生活在一个**有结果**的世界上,那就一定会有各种各样的原因。唯一可能的一个没有结果和原因的世界,应该是这样的,在这个世界上,万事万物都是独立自足的。这并不是说,这个世界上的

111

任何事物都是自己的原因(self-caused)。我们必须牢记,事物不可能是自己的原因,也不可能在同一时间和关系中,既是原因,又是结果。其实,事物可能在同一时间既是原因,又是结果,却不可能在同样的关系中,既是原因,又是结果。母球在同一时间可能既是目标球运动的**原因**,又是球杆击打的**结果**。但是,母球不可能在同一个方面或同一种关系中,既是原因,又是结果。

休谟的主要论点是,原因和结果都不是事物的客观性质,因为根据观点的不同,任何事物都可被看作原因或结果。由于因果性观念来自建立**关系**的过程,因此,我们没有关于因果性本身的任何原始的感觉或印象。既然我们不能直接**感知**任何事物的原因,因此,我们绝不能有把握地说,事物的原因是什么。

休谟真的否认因果性的存在,抑或他只是想证明,我们不可能知道 A 是 B 的原因——如果我们对事物进行单独考察,我们就会发现,任何事物都不会隐含着另一个事物的存在? 对此,研究者们莫衷一是。至于事物的观念,休谟的观点也许正确。但是,原因这一观念本身必然包含"结果",反之亦然。这又是一个**形式的**真理。

休谟通过其怀疑论宣称,任何事物都可能产生任何事物,这时,我们不得不问,他所谓的**产生**究竟是什么意思? 这不是用来代替原因的另外一个单词吗? 休谟把偶然性排除在外,没有把它看作任何事物的一种可能的原因,他明白,**偶然性**是**愚昧无知**的代名词,休谟的这个观点很有意义。

　　休谟的怀疑论超越了单纯因果性的界限,深入到自我、实体和上帝一类的观念,因为根据原始的感觉或印象不可能发现任何一个这样的观念。休谟不承认,我们能够获得关于自我的任何观念,这就好比是说,我没有关于我的任何观念。但是,他的思想并非如此简单。他这里的论证依据是,我们的原始观念建立在印象或感觉之上。简言之,我们不可能以经验的方式认识自我。这种怀疑论成为康德思想的出发点。

神迹的可能性

113

　　休谟知道,**神迹**概念对于犹太教-基督教的信仰至关重要。消除了神迹,也就消除了基督教。此前,洛克说过,圣经上的那些神迹能证明"上帝的可信"。换言之,神迹不能证明上帝的存在(必须首先证明上帝存在,然后才能说,某件事情是上帝的神迹),但是神迹借着上帝的启示证实了他的可信。上帝赐予摩西一些神奇的力量,凭借这些力量,他就能够证明,他的预言来自上帝。同样的道理,耶稣的神迹能够证明其真理宣告的真实性,尤其是他神奇地死而复活。

　　休谟把神迹定义为违反了自然规律的一种现象。自然规律建立在重复的统一的经验之上。要想把一个事件看成一个神迹,这个事件就必须违反或偏离对自然的统一的经验。统一的经验确立了自然规律。谁也没有经验过神迹,因为谁也不可能获得一种违反统一性模式的经验。休谟陷入循环论证的泥潭,犯了预期理由(*petitio principi*)的逻辑错误。他一开始就排除了神迹的可能性。

　　休谟是如何做到这点的?休谟谈到自然经验的"概率"(probability quotients)。如果我们发现,100000个松鼠都长着毛茸茸的尾巴,但是有人声称,他看见过一只尾巴光秃秃的松鼠,我们该相信哪一方呢?后一种主张与一般的看法大相径庭。在这种情况下,这个松鼠可能存在的比率是100000:1,是一个极小的概率。事实上,否定神迹的概率总是大于肯定它的概率。此外,与经验的统一性相比,关于某个神特事件的主张没有任何可信度。

　　例如,关于耶稣复活,基督徒所喜爱的用来证明这点的一个证据是,耶稣的门徒所讲的关于他的复活肯定是真实的,因为他们宁愿为此信仰付出生命。从一个方面看,信徒愿意为其信仰而牺牲生命,这当然能够提高其主张的可信度。但是,这是否具有决定性的意义呢?休谟也许会问,"一方面,被骗的盲从者可能为其虚妄的信念而死,另一方面,一个男人可能死而复活,哪种说法的可能性更大呢?"答案是显而易见的。在同样的条件下,更可能出现的结果是,人们为某个虚妄的信念而死,而非他们中的某一个(或其他任何人)死而复活。

　　然而,基督复活的证据所包含的内容远不止让宗教狂热者为虚妄信念而死这种可能性。基督复活的证据包含下列几个方面的思考:(1)上帝的存在和本质,(2)死亡与罪的关系,(3)基督的无罪,(4)复活事件发生数世纪以前,

114

关于复活的预言早已开始流传,(5) 许多证人的证词,(6)
这些证人的可信度,等等。

　　有趣的是,休谟认为不可能的,圣经的作者们却认为是
必然的。由于耶稣的属性*,新约认为,死亡不可能辖制他。

　　如果休谟把他对神迹的批评始终如一地用于其他问
题,那么他不但会把神迹排除在知识之外,而且会把所有的
经验证据都排除在知识之外。没有重复,就不可能有"相同
的经验"。下雨时草会变湿,要想获得这样的"相同经验",
就必须有第一场雨。某个事件要想重复出现,就必须至少
发生过两次。显然,某个事件要想发生两次,就必须首先发
生一次。但是,当某个事件第一次发生时,它必然是独一无
二的。当某个事件超出我们统一的经验范围时,我们肯定
不会承认它。如果某个事件的首次出现被否定掉了,就不
可能有第二次出现。"第二个事件"就会成为"第一个事
件",也会像"第一个事件"首次出现时那样被否定。因此,
绝不可能达到重复的地步。按照休谟的推论,世界不可能
有开端,也不可能有"大爆炸"或任何独一无二的事件。

　　休谟的遗产是怀疑主义,不仅怀疑上帝和宗教,而且怀
疑科学。这种怀疑主义唤醒了教条主义睡梦中的康德。

115

———————

＊　即神性。——译者注

第9章 革命性哲学家伊曼努尔·康德

康德的思想是近代哲学的分水岭。理性主义与经验主义的对峙造成怀疑主义的危机。康德对认识论进行了新的综合,这个综合的重要性,丝毫不亚于很久以前柏拉图对赫拉克利特和巴门尼德所做的综合。

康德发起的这场哲学革命,本来会比科学上的哥白尼革命影响更大,也会比政治上的美国独立战争影响更深远。具有讽刺意味的是,康德革命与美国独立战争发生在同一个历史时期。康德最有影响的著作《纯粹理性批判》(*Critique of Pure Reason*)[1],出版于 1781 年。

康德的重要性不仅在于他对理性主义和经验主义进行了新的综合,而且在于他摧毁了阿奎那的自然神学所完成的古典综合。许多人认为,康德彻底摧毁了关于上帝存在的传统观点,他们相信,康德清除了理性,为信仰留下空间。

康德哲学是一个奇怪的混合物:他早期接受的是敬虔主义的教育(敬虔主义是菲利浦·斯本尔[Philipp Spener]

领导的一个德国宗教运动），后来又受到启蒙运动，特别是卢梭的影响。

席卷 18 世纪欧洲（尤其是德国、法国和英国）的启蒙运动（*Aufklärung*），不是一个统一的运动。在认识论的领域，启蒙运动孕育了所谓认识的分析方法，这是科学方法的核心。这种分析方法与亚里士多德的方法相差无几，把归纳和演绎融为一体，以探求"事实的逻辑"。人们以归纳的和经验的方法收集事实材料，然后再寻找在这些事实中发挥作用的普遍规律。例如，孟德斯鸠（Montesquieu）的政治哲学和亚当·斯密的经济学理论都使用了这种方法。

118

有些启蒙思想家，如克里斯蒂安·沃尔夫（Christian Wolff），拥护有神论，康德认真研读过他写的教科书。但是，很多思想家公开反对有神论。最激烈地反对上帝的，是法国的百科全书学派（Encyclopedists），尤其是狄德罗（Denis Diderot）和霍尔巴赫（Paul H. D. de Holbach）。后者公开宣称，他是"上帝的仇人"。这些人断言，再没有必要用"上帝的假设"来说明宇宙万物和人生了。无须求助于上帝，我们也能"拯救"现象。无须诉诸上帝的创造，我们也能解释宇宙的起源。这种新理论叫做"自然发生说"，吸引了很多思想家，但是后来很多人，虽然不是所有的人，都抛弃了这个理论。

一个诺贝尔物理学奖得主——我不愿点他的名，以免他感到局促不安——在一篇文章中说，谁也不可能继续拥护自然发生说了；必须把这个理论修改为作者所谓"渐进的自然发生说"。这不过是"空间+时间+偶然性"理论的翻版，是对宇宙起源的所谓科学解释。[2]作者认为，世界突然出现，世界是自因，这样说既不科学，又不自然。宇宙不可能自然而然地出现，也不可能突然出现。它只能以渐进的方式出现。事物从无到有的变化是需要时间的。任何事物都不可能在很短时间内完成这样一项工作！

119

人们在肯尼迪角（Cape Kennedy）架起哈勃望远镜之后，另外一位鼎鼎大名的物理学家说，哈勃望远镜将会证明，大约在一百二十亿至一百五十亿年前，宇宙"产生于大爆炸"。如果宇宙**产生于**大爆炸，那么它是凭什么发生的爆炸？凭"无"（nonbeing）吗？

然而，启蒙运动时期的自然发生说使科学家们"心安理得"地认为，在回答宇宙起源的问题时，完全没有必要求助于神学。

莱辛（Gotthold Ephraim Lessing）也提出众人皆知的"莱辛式鸿沟"：历史上的偶然事件不可能成为人们认识超验的永恒世界的基础。一个不可逾越的鸿沟或峡谷，把这个世界和那个所谓形而上学或神学的世界分隔开来。任何一座大桥都不足以跨越这个鸿沟。你完全不可能由此岸到达彼岸。

这就是康德的时代背景，他认为，任何事物都不能摧毁他对上帝的信仰，另一方面，"纯粹理性"（*reine vernunft*）或科学也不能证明关于上帝的知识。

1724年，康德出生于东普鲁士的柯尼斯堡（Königsburg）。

他的一生都是在这里度过的。1804 年,康德与世长辞。据
说,他从未远行至离家一百英里的地方。他的生活极有规律。
他的邻居们说,他们可以根据他每天散步的时间对表,他会在
下午四点半准时去散步。康德专注于两个看来很难解释的问
题:"头上灿烂的星空,以及心中的道德律"。他怀着浓厚的
兴趣研读牛顿的著作,写过几篇研究天文学的学术论文。

康德一方面醉心于自然科学的巨大进步,另一方面却
声称,科学不能解释上帝,也不能解释与道德自由联系在一
起的人的义务。

理性主义的教条主义及其不愿吸收经验知识到自己先
验的数学模式中的态度,让康德很苦恼。但是经验主义更
让他苦恼,因为休谟关于因果性的怀疑主义,使得科学知识

120

表 9.1 启蒙运动时期的哲学家

	生卒年	出生地	主要居住地	哲学家及	社会身份
卢梭	1712—1778	日内瓦	巴黎	文学家	
沃尔夫	1679—1754	波兰的布雷斯劳	德国的哈雷和马堡	数学家	哈雷大学教授(1741—1754)
狄德罗	1713—1784	法国的朗格勒	巴黎	百科全书编纂者	百科全书主编(1751—1772)
霍尔巴赫	1723—1789	德国的埃德谢姆	巴黎	百科全书编纂者	男爵
莱辛	1729—1781		德国的沃尔芬比特尔	戏剧家,评论家	公爵的图书馆馆长(1770—1781)

成为不可能之事。和牛顿一样,康德也把偶然性排除在宇宙的生成原则之外。

知识的可能性

康德的批判哲学使用的是"先验的方法"。简单地说,先验方法的意思是,为了克服认识论的某些问题,我们必须假定,知识不仅是必要的,而且是可能的。然后,康德提出这样的问题:"知识得以产生的必要条件是什么?"或说,"在哪些条件下,知识才是可能的?"

康德的综合把理性主义和经验主义的要素融为一体。他同意经验主义者的观点,认为知识**始于**经验,但是他断言,不是所有的知识都来自经验。在康德看来,先验知识也是存在的。他同意休谟的看法,认为我们不能直接经验到因果性,但是,他不同意因果性仅仅是心灵的习惯性联系的说法。康德说,我们的因果性观念来自理性判断,这是心灵的能力在发挥作用。

在康德看来,知识起源于"多重感知",多重感知接受感觉和印象。但是,这些感觉是由内在于心灵的一些范畴加以整理的。知识是感觉和心灵相互作用的结果。我们来看康德所谓**空间与时间的纯粹直观**。谁也感觉不到空间与时间。我们不可能在时间和空间中感觉它们。然而,我的任何一种感觉都存在于时间和空间之中。没有这些先验的直观,我们就不可能产生任何一种感觉。举例来说,如果我这时举目远望,我就会看到窗外的树木、池塘、瀑布、灌木丛、绿草、鲜花,以及蓝蓝的天、白白的云。我看到的不是脱离时空的"树木池塘瀑布灌木丛绿草鲜花蓝天白云"。没有时间和空间的纯粹直观,我就不可能把经验材料或用来表达这些材料的文字具体化。我可能会产生一种毫无区别的杂乱无章的总体性感觉,既不可理解,又无任何意义。

为感觉经验的多样性提供统一性的,是心灵。不是抽象的心灵,而是具体的**我的**心灵。能够整理知识的主体就是**自我**。我们不是通过直接的感性知觉(例如,我们听不到,也看不见自我),而是通过康德所谓"统觉的先验统一性"(transcendental unity of apperception)或"自我的先验统觉"(transcendental apperception of the ego),才认识自我的。自我是统觉的对象,而不是感觉的对象。它是作为真实经验的必然蕴含物而出现的。我们能够直接意识到作为自我的自我。在这个问题上,康德的观点与笛卡尔所强调的自我意识的关键作用十分相似。

122

知识的界限

康德哲学最著名的要素之一是**现象**世界(phenomenal world)与**本体**世界(noumenal world)的划分。康德认为,知识仅限于经验的范围。多重感知是知识的素材。凭借感性知觉,我们只能经验到现象的世界。我们知道,**现象**(phenomena)一词来自希腊语,意思是"显而易见的";在康德那里,它是指显而易见地呈现在感官面前的事物。有时,我们用"phenomenal"这个词来表达"非常好""棒极了"或

"令人难以置信"的意思,但是作为哲学术语,它是指可以感知的现象。因此,现象世界是显现的世界,或我们用感觉所经验到的世界。

康德没有说,现象世界缺乏真实性,他只是说,现象世界是知识的界限。在感知世界的现象时,我们会**求助于**思维的先验范畴这面镜子。客观世界是由一个能够思维的主体感觉到的。这不是在宣扬唯我论,也不是认为外部世界是由主观的心灵创造的。虽然我们可以假设,物体是自在地存在的,但是,没有心灵带给经验的那些要素,我们绝不可能直接感知事物本身。

康德称事物或事物本身为"自在之物"(*Ding an sich*)。自在之物确实存在,但是它存在于**本体的**世界,在我们的感觉范围之外。因此,我们不可能认识本体性事物或事物本身;我们只能以某种有限的方式认识它,因为我们对它的感知,是我们的感觉与心灵的范畴共同作用的结果。没有心灵提供的范畴,我们就不能感知事物本身。

我们知道,自我也属于本体世界,因为没有心灵的参与,我们不可能直接感知它。自我和自在之物都不属于现象世界。我们的知识既受制于现象,又受制于心灵整理经验的原始材料的方式,因此,我们不可能"认识"自我或自在之物;最好的说法是,我们关于这类事物的知识,受制于这两个原因。

康德在哲学史上具有非常重要的意义,因为他把**上帝**划归本体世界。康德认为,人们绝不能感知上帝。上帝不是多重感知的组成部分。我们关于自在之物的知识是有限的,我们关于自我的知识也是有限的,这些界限同样适用于上帝。这就是本体世界或形上世界的所有组成部分,关于它(他)们的知识是不可信的。科学研究的领域是现象世界,而不是本体世界。

　　无论在哲学上,还是在神学上,感性经验不能直接认识上帝的思想,这观念并非史无前例。自然神学与康德怀疑主义的著名论战,触及这样一个重要问题:人们能否通过现象世界,**间接地**认识上帝。例如,阿奎那认为,人们可以通过现象世界而认识上帝(本体)。阿奎那的论据来自《新约》,他引述了保罗的一段话:"上帝的事情,人所能知道的,原显明在人心里。因为上帝已经给他们显明。自从造天地以来,上帝的永能和神性是明明可知的。虽是眼不能见,但借着所造之物,就可以晓得,叫人无可推诿。"(罗 1:19—20)

　　保罗认为,虽然上帝是"眼不可见"或手不可触的,但我们还是"看见"了他,"认识"了他。保罗不是说,凭借感性知觉,我们能够直接看见上帝,而是说在被造物的秩序中,通过被造物的秩序,我们能够感知上帝。在保罗看来,借助现象世界,我们能够认识,而且已经认识了本体世界。如果康德的批判是正确的,保罗就是错误的。反之,如果保罗的观点是正确的,康德就是错误的。二者不可能都是正确的。

124

本体论证明

关于上帝存在的传统证明主要有三种:本体论证明、宇宙论证明和目的论证明。康德特别重视本体论证明,安瑟伦宣传过这个证明,后来,笛卡尔和(康德非常熟悉的)沃尔夫重新阐述过这个理论。安瑟伦认为,上帝是这样一位存在者,关于这个存在者,我们不可能设想还有比他更完美的存在者;这样的存在者必然是既存在于心灵之中,又存在于现实之中。安瑟伦的批评者高尼罗(Gaunilo)说,他完全可以设想一个完美的岛屿,但是这并不意味着,这样一个岛屿真的存在。安瑟伦回答说,高尼罗没有领会问题的实质。安瑟伦并不是说(像概念论那样),心灵能够合理地设想的任何事物,必然存在于现实之中。毋宁说安瑟伦的证明是有限定的:其论证只限于这样一位存在者,关于这位存在者,我们不可能设想还有比他更完善的存在者。假如我设想出一位不能真的存在的上帝,我就不是在思考安瑟伦所谓的上帝,因为一位能够真实地存在的存在者,比一个单纯的心灵构造物更完善。

后来的爱德华兹可能会修改安瑟伦的证明,他会说,存在者不可能**不**存在。岛屿和美元可以不存在,但是存在者必须存在,只有这样,它才成其为存在者(这种观点更符合托马斯所谓的**必然存在者**)。

康德批评本体论证明的理由是,"存在"(existence)不是一个谓词——这个词的意思模糊不定,我们很难给它下一个规范的定义。设定事物的存在(existence)与设定其谓词（我们能够肯定或否定事物的谓词）是不同的。我们可以认识一个事物的确切本质，以及它的所有谓词，但我们还是不知道，这个事物是否存在（exists）。理性承认这样一位上帝能够或**可以**存在于现实之中，但是理性不可能认识到，上帝**确实**存在。

康德拒斥本体论证明的主要理由是，他不承认，存在（existence）是一个谓词。但是，在日常语言中，"存在"确实是一个谓词。如果我们说出"上帝"这个单词，我们说的是一回事；如果我们说"上帝存在"，我们说的就是另一回事了，这是"上帝"作为一个单词或观念所没有的一种东西（安瑟伦的看法正好相反）。但问题依然存在：如果"存在"是一个谓词，我们就必须把这个谓词归诸上帝吗？

宇宙论证明

康德反对关于上帝存在的宇宙论证明，其理由非同寻常，说到底，这个理由还是建立在本体论证明之上。如果本体论证明有缺陷，那么宇宙论证明也不例外。

关于上帝存在的宇宙论证明，是历史上最受人欢迎、存在时间最长的一种证明。它之所以冠名为"宇宙"，是因为它由宇宙出发而回溯至上帝，以上帝为宇宙的原因。简言之，宇宙论证明主张，如果世界上存在任何事物，那么一个绝对的必然的存在者也必须存在。它诉诸因果律：既然任何事物都不可能是它自己的原因，那么某个事物肯定没有原因，肯定是独立自存的，这个事物可以解释任何事物的存在。

　　本体论证明的方法是,从上帝的观念推论上帝的实在,这种方法试图把论证的范围限制在心灵的规范性领域,因而克服了感性知觉或经验世界具有的反复无常的缺陷。与此相反,**宇宙论**证明往往以感性经验或自我意识为出发点,以对物质世界中的事物的感知为出发点。

126

　　我应该简要地介绍一下宇宙论证明。如果我们感觉到,事物(自我、世界或世界上的任何事物)是存在的,我们就面临以下四种选择(有些思想家尝试过其他的选择,但是这些选择往往可以归结为下列四种选择之一,这取决于它们的表述方式):

1. 我们感知到的"实在"是一种幻象。
2. 实在能够创造自身。
3. 实在是独立自存的。
4. 实在最终是由某种独立自存的事物"引起"或"创造"的。

　　在这四个选择当中,有两个选择(第三项和第四项)包含一种独立自存的事物。第二项在形式上或逻辑上是不可能的,因为自我创造的观念,从分析的角度看是错误的。我们知道,事物要想创造自己或成为自己的原因,就必须在它存在以前,就已经"存在"了。它必须在相同的时间、相同的关系中,既存在,又不存在。(人们常常提到的"第五种"选择,即无穷的追溯或有限原因的无限系列,可以归结为第二种选择。它是在无限地复制自我创造的问题。)

如果第二种选择也被排除了,事物是独立自存的(必然的存在者)这种看法唯一合理的选择就是第一项。如果一切都是幻象,世界上就不再有任何事物了,我们也就不必思考认识事物的问题了(没有任何事物可供我们认识)。但是,如果一切都是幻象,那么幻象本身也是幻象,真是弄巧成拙。如果一种感觉或一个观念是虚幻的,某物或某人就必须具有这种幻觉。换言之,这种幻觉必然有一个原因。这个原因必然是自己创造自己,或独立自存,或起源于某物(它最终是由独立自存的某物创造的)。因此,第一项取决于第三项和第四项。由此可见,只有第三种和第四种选择是合理的和可能的,二者都包含一种独立自存的事物或必然的存在者。

127

所有这些都以非矛盾律和因果律为基础。康德理解这一点,因此,他不愿完全排除理性或因果律。他只是**限制了因果律的使用**。他认为,在我们可以感觉的世界(即感官能够感知的那个世界)之外,因果律没有任何意义或用途。因果律适用于现象世界,却不适用于本体世界。它适用于物理世界,却不适用于形上世界。

康德坚持这种观点,我总是觉得很费解。他把因果律局限于现象世界,这种做法看来毫无道理。如果现象世界的所有事物都必须有一个原因,为什么现象世界本身却不需要一个原因呢? 我同意休谟的观点,他认为,我们不能直接感知因果性,但是,我们感觉不到某种原因,这个事实并不能使我们得出根本不存在任何原因的结论。我们必须牢记,因果律是关于**形式**的规律,是非矛盾律的延伸。

通过这个问题,康德把宇宙论证明和本体论证明联系在一起,从形式的角度看,如果理性要求必须有一个必然的存在者(这个存在者在逻辑上和本体论上都是必然的),这并不意味着,一个必然的存在者能够存在于现实之中。因为我的理性告诉我,逻辑要求必须有一个独立自存的存在者,这并不意味着,真的有一个独立自存的存在者——除非实在是符合理性的。

为了维护阿奎那和坚持宇宙论证明的其他思想家的论点,我不得不说,他们"只是"证明,理性要求上帝必须存在。某件事情是合理的,而不是不合理的,是理性可以解释的,而不是非理性的,除此之外,我不知道人们还会对理性的能力心存哪些"合理的"期望。另一方面,如果康德始终怀疑因果性在形上世界或本体世界的运用,他为什么对因果性在现象世界的运用满怀信心呢?如果我们在一个层面强调合理性,为什么就不能在两个层面都强调合理性呢?康德所谓有限的知识是一种有限的怀疑论,后来的哲学都反对这种理论,认为这是介于真正的有神论和虚无主义之间的一种思想。在虚无主义者看来,康德上了一辆没有闸的过山车。

目的论证明

关于上帝的存在,有几种传统的证明,其中对休谟和康德影响最大的,是目的论证明。康德承认,世界上的许多事情都表现出目的或秩序的明显特征。我们很难想像,有设计方案(design)却无设计者。现代的某些进化论者试图用"偶然性"或"意外事件"之类的术语来解释设计或秩序。"偶然的目的"这种说法着实令人厌恶。这好比是无意向的意向性。这使卡尔·萨根深感困惑,因为他要把宇宙描述为有序的整体(cosmos),而不是无序的整体(chaos)。我们不可能认识无序的宇宙。康德承认,对秩序的探索就意味着秩序的建立者是存在的。但是,这会使我们再次依赖因果律,像宇宙论证明那样,因此,内在于本体论证明的一些问题会再次出现。

康德并不否认上帝的存在,记住这一点很重要。但是他确实不承认,我们能以理性的方式证明上帝存在。另一方面,他不承认,我们能够以理性的方式证明上帝的观念不能成立。

康德形而上学不可知论和神学不可知论的基础,是其二律背反理论。严格说来,**二律背反**(antinomy)这个词,用历史术语来说,是**自相矛盾**(contradiction)的同义词。不过,现在它有时也被泛泛地用作**悖论**(paradox)的同义词。"自相矛盾"这个词来自拉丁语,意思是"反驳","二律背反"这个词来自希腊语,意思是"违反规律"。二律背反的命题所违反的那个规律,就是非矛盾律。他列举了哲学思想中出现的几对二律背反,其中包括:

129

1. 世界在时间上和空间上是有限的;世界在时间上和空间上是无限的。

2. 世界上所有的复合物都是由简单的部分组成;任何复合物都不是由简单的部分组成。

3. 除了自然规律中的因果律,自由也是存在的;自由是不存在的,因为任何事物都是按照自然规律发生的。

4. 有一个绝对必然的存在者,他是世界的组成部分,或是世界的原因;绝对必然的存在者是不存在的。

表 9.2 关于上帝存在的传统论证

	出发点	内容简介
本体论证明	我们关于上帝的观念	上帝是这样一位存在者,我们不可能设想还有比他更完善的存在者。这样的存在者不仅会存在于心灵之中,而且会存在于现实之中。
宇宙论证明	我们对宇宙的感性经验	如果世界上存在任何事物,那么必定有一位绝对必然的存在者(上帝)。
目的论证明	秩序和设计的经验性证据	世界上有许多事物,它们都有目的和秩序的一些特征。如果世界是被设计好的,那么肯定有一位设计者(上帝)。

对于这些二律背反命题,康德并不是说正反两面都可能正确,而是说形而上学家和哲学家能以同样的说服力,证明这些相反的命题。

我们必须承认,哲学家们为二律背反的正反两个方面都已提出十分有力的证明。然而,有力的证明不一定有效。我们来看第二组二律背反。人们可能提出这样一种有力的论证,认为复合的事物不是由单纯的事物组成。但是,如果复合的事物不是由许多部分(这些部分可能是简单的,也可能是复杂的)组成的,它就不是复合的事物。复合的事物是由简单的事物组成的,用分析的方法来看,这是正确的(就是说,从定义看,这是正确的),再有力的论证也不能推翻这种说法。人们可能认为,世界上根本没有复合的事物。但是,如果**有**复合的事物,它们一定包含许多部分,否则,它们就不是复合的事物。人们很会说废话,但他们不会用清晰易懂的方式说废话。

虽然康德已经注意到不同哲学家对待二律背反的不同态度,但是他仍然认为,上帝是一个有用的**规范性观念**(regulative idea)。康德认为,规范性观念是这样一种观念,它们有用,却不可证明。在他看来,这样的规范性观念不仅包括上帝的观念,而且包括自我的观念和自在之物的观念。

康德关于上帝存在的道德论证明

如果说在探讨理论思维的界限时,康德把上帝从前门赶了出去,那么我们同样可以说,康德立刻奔向后门,又把上帝请了回来。在道德哲学中,康德试图为伦理学奠定基础。他认为,"绝对命令"(categorical imperative)是存在的,这是一种普遍的义务感,是人类经验的组成部分,是道德义务或道德命令的基础。康德对"金律"(Golden Rule)的解释是:"在与他人交往时,你应该这样做,仿佛你的行为准则能够成为一条普遍的自然规律。"

康德研究认识论的方法是先验的,他研究道德哲学或
伦理学的方法也是先验的。他提出这样一个基本问题:如
果伦理学或道德命令是有意义的,那么它们必须具备哪些
要素呢?他断言,如果伦理学是有意义的,那么正义必然是
存在的。既然正义不能在这个世界上完美地实现,那么肯
定还有一位将来的世界,正义一定会主宰将来这个世界。
要想让正义主宰世界,那么肯定有一位完美无缺的最高审
判者(Judge),他在道德上是无可指责的,因为一位贪赃枉
法的审判者不可能实现名副其实的正义。这个最高审判者
必定是全知的,绝不会错判。他必定是全能的,能够保证其
正义实现。

简言之,康德认为,基督教的上帝是存在的,因为只有
上帝存在,伦理学才有意义。康德说,尽管我们不能认识上
帝的存在,但是,由于道德实践的需要,我们必须这样生活,
"仿佛"上帝是存在的,只有这样,伦理学和人类社会才可能
存在。他已预见到陀思妥耶夫斯基(Fyodor Dostoevsky)
的名言:"如果上帝不存在,人们就可以为所欲为。"如果没
有一套绝对的道德准则,道德就会沦为主观的偏爱,世界就
会变成野外丛林,强权就会变成公理。

第10章　理想主义的社会改革家
卡尔·马克思

如前一章所述,伊曼努尔·康德的革命性哲学是理论思想史上的一个分水岭。从某种意义上说,康德以后出现的所有哲学流派,事实上都以他为出发点(参见图 10.1)。

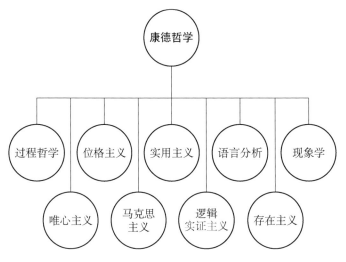

图 10.1　源于康德思想的哲学流派

　　19 世纪的哲学家们把注意力集中到历史哲学上,这很大程度是由于康德形而上学怀疑论或不可知论的影响。康德以前,哲学的注意力主要集中在形而上学和认识论。康德以后,历史学和人类学成为哲学关注的两个焦点。这并不是说,康德以前没有人研究过这些领域,或康德以后,形而上学和认识论被完全抛弃了。不是所有的形而上学家都在康德面前闭口不言;康德以后,哲学家们的注意力显然转到现象领域,转向现世。从这个时候起,西方世界一直在期待出现另一位柏拉图或亚里士多德,希望他能把形而上学从急速发展的怀疑论中拯救出来。

　　在这部哲学简史中,我差一点拿一整章的篇幅来讨论黑格尔(G. W. F. Hegel,1770—1831),因为他的思想至少在 19 世纪前半叶一直处于主导地位。他是最复杂、最难理解的哲学家之一。也许是因为惧怕,所以我决定,以尽可能简短的篇幅介绍。

　　面对康德的质疑,黑格尔力图重建形而上学,使历史哲学成为形而上学的组成部分。黑格尔的哲学准则是:"合理的就是存在的,存在的就是合理的。"如果具有实在性的所有事物都是合理的,那么根据黑格尔的看法,它们就是可知的。

　　黑格尔做了一个康德未曾做过的重要区分:他把理性(reason)和知性(understanding)看作两种完全不同的能力。知性与理性不同,知性仅仅是理性的一种具体能力。知性能够看到事物的一些截然不同的方面。像康德认为的那样,知性的确受制于有限的事物,因此,它不能掌握绝对的知识。但是黑格尔认为,理性没有这样的限制。实际上,人的理性是无限的或绝对的"理性"(Reason)的组成部分。在写"理性"这个单词时,黑格尔用了大写的 R,意思是说,它就是"绝对精神"(Absolute Spirit),绝对精神是纯粹的思想或绝对的知识。我们所认识的这个世界,总是处在演化或有机变化的过程中。绝对精神能够把自己实现于历史中。

135

　　黑格尔把历史看作绝对精神的具体化或绝对精神动态的展开过程。人的心灵与绝对精神是联系在一起的,因为人的理性能够认识绝对精神。我们思考绝对精神的方式,类似于绝对精神展开或表达自身的方式,这种方式就是绝对精神的辩证运动过程。

黑格尔的辩证法

　　辩证法这个词指的是观念之间的对立关系。有人把辩证法看作**矛盾**的同义词,自相矛盾是指完全对立的一种关系。黑格尔的辩证过程有一个可信的出发点,这是所谓的**正题**(thesis)。分析起来,正题可能包含一个与之矛盾的观念,即是所谓的**反题**(antithesis)。这个表面上的矛盾可能造成一种僵局,正如赫拉克利特-巴门尼德的对峙,理性主义-经验主义的对峙。

　　只有通过**综合**(synthesis),才能打破这种僵局,实际上,综合的过程能够挽救正题与反题所包含的正确因素。通过综合来打破僵局,黑格尔认为,这是**扬弃**(*Aufgehoben*)的结果,扬弃是思想提高或提升到新高度的过程。事物的运动可用三角形来表示(参见图 10.2)。

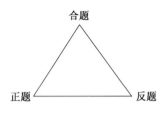

图 10.2　黑格尔的辩证法

136　　　　实现综合以后,综合就成为一个新的正题。这又会引起新的反题,新的反题又会要求新的综合。历史就是以这种向上的、前进的方式运动的(参见图 10.3)。

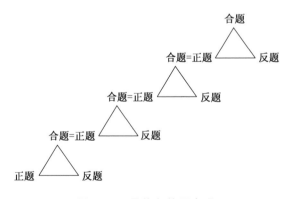

图 10.3　黑格尔的历史观

　　联系我们将要进行的对卡尔·马克思的考察,我们可以称黑格尔的哲学为"辩证唯心主义"。真理和历史以辩证的方式向更高阶段进化。知识的第一个三一式发展阶段,能够形象地说明黑格尔所谓的进化模式(参见图 10.4)。
存在是心灵所能提出的最基本的概念。存在概念本身却包 137
含着它的反题,即无(nothing)或非存在(nonbeing)的概念。
心灵在努力思索存在与非存在的过程中,就发展为变化
(becoming)的概念。这个新的综合以前两个概念——即存
在和非存在——为前提。

合题:变

正题:有   反题:无

图 10.4　黑格尔的第一个三一式发展阶段

在黑格尔看来,世界历史即国家的历史,国家历史的发
展不是盲目的,而是一个合理的过程。理性,或大写的理
性,是历史上一切变革的原因。

卡尔·马克思堪称历史上最值得关注的思想家之一,
因为他的思想对世界文化产生了极为深刻而迅速的影响。
我上中学时,世界人口只有二十亿;到我四十五岁时,世界
人口已大幅增长。到我四十五岁时,马克思主义占主导地
位的国家的人口,与我十几岁时世界的总人口数量相差
无几。

马克思的哲学,即通常所谓的"辩证唯物主义",与黑格
尔的历史哲学形成鲜明对照。马克思同意黑格尔的观点,
认为历史发展过程本质上是辩证的,但是马克思坚持认为,

历史发展的动力不是观念或理性，而是经济。相反的经济观之间的冲突，是社会冲突与变革的原因。马克思并不满足于悠闲地坐在大英博物馆的阅览室，静观事物按照自身的规律而发展。充满活力的人们能够而且应该进行社会变革，应该发动革命。

马克思的觉醒

1818 年，马克思出生在德国特里尔市（Trier）的一个犹太人家庭。大约一个世纪之后，俄国革命发生了。马克思还是个孩子的时候，他们家就搬到一个德国小镇，这里的大多数人都是路德宗基督徒。由于商业或经济的原因，卡尔的父亲"改信"路德宗，因此，卡尔对宗教在人们生活中所起的作用始终表示怀疑。

二十三岁时，马克思获得哲学博士学位。他研读了黑格尔和费尔巴哈（Ludwig Feuerbach）的大量著作。费尔巴哈认为，人不是按照上帝的形象造的，上帝却是按照人的形象造的。费尔巴哈认为，一切神学都不过是人类学。马克思完全赞成费尔巴哈的思想，认为能够在历史中实现自我的是人，而不是上帝。

马克思的历史哲学同时也是一种人学。古典主义者把人定义为"智人"（Homo sapiens），他们认为，把人和动物区分开来的，是人的理智。马克思重新定义了人，认为人"能够制造事物"（Homo faber；用来表示"工厂"的德语单词是 fabrik）。

　　我们第一次见到客人时，通常会问至少三个问题：
（1）你叫什么名字？（2）你住什么地方？（3）你干什么工
作？第三个问题与客人的工作或劳动有关。这是马克思最
关心的一个问题，他认为，人的身份与他的劳动密切相关。
对马克思来说，劳动是实现人的自我价值的主要动力。人
的独特之处在于，他能把自己的活动，作为自己意识和意志
的目标。劳动是人与自然之间的一个动态过程。人靠他的
劳动而生存。

　　马克思认为，世界历史的不同发展阶段，与其说取决于
人们所生产或制造的**产品**，毋宁说取决于他们的生产**方式**。
马克思清楚地认识到，工具在商品生产过程中发挥着关键
作用。举例来说，与欠发达国家的农民相比，为什么美国的
农民生产的粮食就更多呢？美国的农民和欠发达国家的农
民，可能具有同样的身高、年龄和智力。但是，前者使用大
型农业机械进行播种和收割，还要用装有空调设备的卡车，
把粮食运到市场上。后者却用原始的犁播种，用两只手收
割，还要用毛驴把粮食运到市场上。前者占有工具或"生产
工具"，后者则不然。这是二者的关键性区别。工业革命创
造的工具，使商品生产成倍增长。

　　马克思认为，人类社会是由劳动，更确切地说，是由劳
动分工创造的。人们的工作是互惠的。劳动是集体的事
业，它使共存成为人们得以生存的必要条件。劳动的协作
性是把世界历史上的人们联系在一起的纽带。

　　马克思认为，工业革命严重地威胁着人类的幸福。随

着人们大批地离开农场,来到工厂寻找工作,农业社会迅速
转变为工业社会。正如最近流行的一首歌的歌词所说:
"你怎么才能把他们留在农庄呢?"

对人类来说,这意味着什么?从平均地权主义(agara-
rianism)到工业主义(industrialism)的转变,造成工人的非人
化(dehumanization)。这个转变导致了经济的异化,而经济
的异化要求某种方式的和解。作为为自己劳动的劳动者农
民,现在不得不卖其劳动力给资本家,因为资本家占有生
产资料即工具。在一场以健身为目的却没有任何裁判的棒
球赛中,"安全"或"出局"的判断最终只能由球棒或球的主
人来确定。"球棒是我的,因此,你出局了。"这就是规则。
按照这种规则,谁占有运动工具,谁就是裁判。

虽然工人"自愿"离开农场来工厂工作,还签订了"自愿
劳动协议"(free industrial contract),但是,马克思认为,这种
协议绝非"自觉自愿"的。资本主义的经济制度"迫使"工人
放弃自我经营的生产模式,受雇于资本家,成为被雇佣者。
140 马克思认为,事实上,工人不过是挣工资的**奴隶**。工人的劳
动成为实现别人的目标的工具。工人不再占有工具(生产
资料)或他的劳动成果(他所制造的产品)。

工人的异化

马克思发现,在这个过程中,工人的异化(alienation)表
现出四个不同的方面:他被迫与(1)自然,(2)他自身,
(3)他的"族类",(4)其他存在者疏离。

人与其劳动成果的"人为"分离,破坏了人与自然的原始关系。人的劳动成为一种可以被买卖的商品。他的劳动不再属于他自己。

从根本上说,工人丧失了**所有权**。马克思认识到,资本主义的经济力量在于其所有制。工人一无所有。按照马克思的看法,一个工资很高的工人,也不过是一个工资很高的奴隶。

在我们的文化中,我们每天都能看到这场戏。大多数人是工人,而不是主人。甚至雇员的管理者也是因为完成了公司交给的任务,才能领取工资。即使工资很高的经理,也不是公司的主人,除非他们拥有职工优先认股权。马克思没有预见到,工人可以用部分工资来投资股票,分享公司的所有权。

资本主义的本质是,让你的钱为你服务。即使你是在睡觉,你也在积累财富。例如,一个农民在自己的农场上辛苦地劳作了一整天。在他睡觉时,他的庄稼还在生长,(天若有情)他的财富还在增长。

以我自己为例,我既是雇员,又是主人。作为雇员,公司会因为我的劳动而发给我工资。我的工资是固定的,与公司的盈亏无关。(当然,这种说法只适用于"一定范围":如果公司不能发展,我就可能失业。)我还从事写作。我写的书,最大一部分所有权在出版商手中。通过稿酬的形式,我享有相对较小的一部分所有权,作为我劳动的补偿。我在写这本书的时候,我以前写的那些书,正在世界上的某些

141

地方为我赚取稿费。我也可以用这些稿费收入来投资股市,希望我的资本能够增值。

然而,所有权与风险结伴而行。拥有某种财富的人必然会用这种资本来投资。资本可能增值,也可能贬值,甚至可能变得一文不值。在美国,每年都有五十万家新的公司开业。一年以后,百分之二十的公司倒闭了。十年以后,只有百分之四的公司继续存在,淘汰率之高由此可见一斑。尽管所有权的利润很大,可是风险也很大。一般来说,投资有实力、有名气的公司,要比投资新建立的公司更稳妥。

报纸的体育版现在常常刊登运动员的法律诉讼、拒不签约等报道。运动员(在这种情况下,他们是工人)要求享有更大的所有权,但是不承担特许权所带来的风险。

马克思认为,工人被迫与他本身疏离,因为他的工作不是自愿的。工作是强加给他的,因此,他产生了一种恐惧感。工人在星期一很“沮丧”,他们盼望星期五的到来。只有在业余时间,工人才觉得“像个人”。作为“能够制造物品”的人,他不能在工作中实现自己的理想。

人被迫与他的“族类”疏离,因为人类必须在自由的有意识的活动中表现自己的特征。动物“生育”后代,只是为了满足其最自然的需求。海狸能够修建水坝,鸟能够筑巢,但是,人的劳动能力远远大于其基本的需求。他能够创造艺术、知识以及其他许多东西。马克思说,作为被雇佣者,人丧失了创造的自由,或者说他的创造性自由被窒息了。从某种意义上说,他被降格为一只动物,一只只能通过劳动来换取面包的动物。

最后，工人还被迫与其他人疏离。共同劳动、共同享有的情谊不复存在。资本主义强调私有财产，让少数人拥有所有权。按照马克思的预想，在共产主义制度中，每人都要为共同的利益而共同劳动，所有的人都能享有所有的财产。问题是，如果所有的人都能享有所有的财产，那么任何人都不能享有任何财产。

社会的基础

马克思认为，任何社会都有其基础和上层建筑。基础仿佛大楼的地基，上层建筑仿佛大楼本身。地基或基础决定着应该在上面建造的上层建筑。

社会的基础是指一个社会的经济基础或物质秩序，包括生产要素和生产关系。历史地看，生产关系经历了从奴隶制向封建制，从封建制向资本主义制度的转变。生产工具的发展决定着人与人之间的关系。石斧和弓箭允许人们采取一种独立自足的生存方式。铁犁则要求劳动的分工。大机器加剧了劳动的分工。工具越先进，劳动的分工就越细。日益细化的劳动分工激化了阶级斗争。

马克思认为，资本主义把阶级分为两大集团：工厂主（资产阶级）和工人（无产阶级）（他没有想到，会出现一个强大的中产阶级）。资本主义制度建立起来的价值体系导致了更高程度的异化。马克思所谓的**价值**，与现在通行的含义不同，该词现在的含义把价值与伦理学和道德混为一

143

谈。我们可以把价值和伦理学分开,但它们终归是不可分割的。在经济理论中,价值是主观的,与个人爱好有关。其他任何人都不能肯定地说,某种东西或服务对我来说价值几何。我可能比你更喜欢巧克力冰激凌,你可能比我更喜欢香草冰激凌。

价值的主观本质是市场交易的原动力,交易可以是实物交易,也可以是货币交易。在实物交易中,一个有多余的鞋却没有灯的人,会与一个有多余的灯却没有鞋的人进行交易。如果商品和服务是通过货币进行交易,这不过是一种更为复杂的实物交易。在自由交易的过程中,如果卖方提出的商品价格高于买方愿意支付的价格,买卖就会失败。如果我认为,你卖的收音机的价值超过我必须付的钱,我就会买你的收音机。如果我认为,你卖的收音机的价值低于我必须付的钱,我就不会买你的收音机。

在资本主义制度中,商品和服务的价格以及劳动力的成本,都是由市场的供求关系决定的。劳动力的市场越大,劳动力的成本就越低。这使产品的售价高于其劳动力(和材料)的价值,于是产生了利润。利润归工厂主所有。这就产生了马克思所谓的**剩余价值**。工厂主从产品中获得的价值,高于制造这件产品所需的劳动力的价值,马克思认为,这个事实说明,工人阶级是遭受剥削的。这种剥削是资本主义的必要组成部分,马克思称之为"工资的铁律"。

与资本主义所谓劳动的市场价值理论(market value of labor)相反,马克思主张**劳动价值理论**(labor theory of

value)：产品的价值取决于生产这个产品所需的劳动量。144
寻找客观的价值理论就是反对人性本身，反对人性的特殊
趣味、意愿和需求。在资本主义制度中，价格取决于人们的
价值观念，取决于他们的爱好。伦勃朗（Rembrandt）画一个
橘子的速度和效率，比我画一个橘子的速度和效率要高得
多。我必须花费很多精力和时间才能画好一个橘子，伦勃
朗则不然。但是在市场上，大多数人都愿意花更多的钱买
伦勃朗的画，而不是买我的画。一件商品或一种服务的质
量，不可能单单取决于它所必需的劳动量。

　　马克思预言，在资本主义社会，工人的生活状况将日益
恶化。穷人会变得更穷，富人会变得更富，人民终将奋起反
抗，亲自夺取生产资料。

　　这是马克思的最大错误。他相信，只有牺牲穷人的利
益，富人才能变富。一个人的成功必然意味着另一个人的
失败。扑克牌游戏可能如此，现实的商业世界则不然。随
着工具的进步，产量的增加，商品的成本价值下降了（由于
供求规律的作用）。于是，人们更容易得到商品和服务，穷
人的生活水平也有所提高。就提高人民的生活水平而言，
任何经济制度都不像资本主义那样有效。

社会的上层建筑

　　马克思认为，一个社会的上层建筑的结构和形态，是由
经济基础决定的，经济基础是上层建筑的根基。上层建筑
包括社会的意识形态，如宗教、道德以及法律。因此，一个

145 社会的"思想"来自它的"物质基础"。理性或神学都不能改变社会，毋宁说社会的经济状况能够改变其理性或神学。

例如在司法领域，马克思认为，法律的基础不是宗教、哲学或自然权利，而是统治阶级的既得利益。在资本主义制度中，法律的目的是维护资产阶级的利益。一方面，我们可以说，马克思已经预见到我们所认可的政治游说团体，他们公开为符合自身利益的法规辩护。另一方面，他没有想到，"无产阶级"的大多数可以通过累进税来打击资产阶级少数派。马克思已经认识到，经济很容易通过法律而被政治化，法律所反映的，是某个社会团体的既得利益，而不是抽象的正义概念。

就马克思主义而言，平等（equality）比公平（equity）更重要。实际上，马克思主义承认，只有通过平等，才能实现公平。这就意味着，懒惰的人与勤勉的人"应当"一视同仁。这体现了"各尽所能、按需分配"原则。

马克思认为，宗教是"人民的鸦片"，是统治阶级用来教化无产阶级的麻醉剂。如果奴隶现在遵纪守法，绝不侵犯资产阶级的利益，他就会在天国赢得奖赏（"画饼充饥"）。列宁再次提到这个思想。他说，共产主义者理所当然地认为，上帝并不存在。但是，假如上帝存在，就还有一个理由反对他，因为他所做的工作是如此邪恶。马克思（以及后来的列宁）认为，教堂不过是收藏中世纪文物的博物馆。

很多人试图综合马克思主义与宗教。要想达到这个目
146 的，唯一的出路在于，把马克思主义变成一种宗教。因为马

克思主义的基本立场与历史悠久的犹太教 - 基督教水火不容。

　　马克思的末世论(eschatology)以其辩证的历史观为基础,预想到这样一些连锁反应:

1．资本主义将进入一个生产过剩的历史时期。
2．工资会越来越少。
3．工人的购买力越来越弱。
4．商品过剩的局面将会出现。
5．战争将要爆发,以消耗过剩的商品。
6．战后的社会压力将使资本主义制度自行灭亡。

　　马克思的最终目标是,通过国家对生产资料的占有而结束私有制。一个没有阶级的理想社会将要出现。

第 11 章　丹麦的牛虻索伦·克尔凯郭尔

人们问我最多的问题之一是,"什么是存在主义(existentialism)?"我会不假思索地回答说:"存在主义是一种探讨存在的哲学。"这时,提问的人往往会投来困惑而茫然的目光。的确如此。把存在主义定义为一种探讨存在的哲学,这并不能说明什么问题。**存在主义**一词在我们的文化中已经被用滥了,因此,萨特(Jean-Paul Sartre)抱怨说,这个词完全丧失了它原来的含义。

存在主义是一个很难解释的词汇,主要原因在于其后缀"-ism"。把这个后缀加在某个单词后面,通常是指一个思想体系,可是,存在主义总的倾向是,坚决反对任何体系。我们发现,在所谓的存在主义哲学家之间,尽管有一些他们共同关心的问题,但是,与存在主义这个称谓相比,**存在主义者**(existentialists)这种提法也许更稳妥。另一方面,有些哲学家虽然带有"存在主义者"的标志,却建立了相当复杂的理论体系。

　　我们已经看到,马克思主义哲学在世界上产生了巨大影响。就影响西方文化的广度和速度而言,存在主义可与马克思主义相匹敌。您如果在西方世界待上一天,就一定会发现存在主义的某些影响。长篇小说、流行音乐、电影、电视节目、宗教,以及我们生活的其他各个方面,无不受到存在主义的深刻影响。从某种意义上说,存在主义思想带来的是多对一的胜利,多样性对统一性的胜利。按照存在主义的理解,变化可能压倒存在,有限可能压倒无限,时间可能压倒永恒,世俗可能压倒神圣。

148

　　我们的文化反映了一种奇特的世俗主义。我们常常用**世俗**(secular)这个词来指"教会之外的那个世界"。但是,如果加上"-ism"这个后缀,"世俗"一词就是指某种非常激进的思想。

　　在古代拉丁语中,至少有两个单词可以翻译为"世界":*mundus* 和 *saeculum*。*mundus* 特指世界万物的维度(长宽高)或空间属性。*mundane* 一词即由此演化而来。我们知道,阿塔那修(Athanasius)的墓志铭是:阿塔那修反对世界(Athanasius against the world)。拉丁语 *saeculum* 指的是世界的时间维度,即"此时此地"(here and now)中的"此时"(now)。

　　在现代语言中,世俗主义的基本观点是,这个具有时间性的世界就是唯一存在的世界。超验的永恒的世界并不存在。我们被锁定在时间链条上。我们无法逃脱。表达这种思想的歌词这样写道:"你只能在这里走一遭。"用康德的术语说,世俗主义者把生活的目光只对准现象世界;通往本体世界的所有道路都被封锁。

不是所有的存在主义哲学家都有这样一种悲观的世俗主义精神。19 世纪以来,已经出现了几位著名的宗教存在主义者,如卡尔·雅斯贝尔斯(Karl Jaspers)、马丁·布伯(Martin Buber),特别是克尔凯郭尔(Søren Kiekegaard)。与此同时,许多学者试图综合存在主义哲学与神学(如保罗·蒂里希[Paul Tillich]和鲁道夫·布尔特曼[Rudolf Bultmann]的著作)、存在主义哲学与辩证神学(如卡尔·巴特和埃米尔·布龙纳[Emil Brunner]的著作)。

存在主义哲学之所以能够对现代文化产生巨大而迅速的影响,其主要原因在于,它在许多方面都清除了中间人(the middleman)。把抽象而专业的哲学传达给普通百姓的典型的中间人,就是艺术家。艺术史、音乐史以及戏剧史都效仿哲学史,这绝非偶然。艺术家捡起新的哲学观念,用于自己的作品,把它们作为某种特定的艺术潮流的组成部分而传播。

就存在主义而言,它的一些强有力的支持者既是哲学家,又是艺术家。例如萨特,作为专业的哲学家,他写过《存在与虚无》(*Being and Nothingness*)[1];作为剧作家,他写过《密室》(*No Exit*)[2]。其他哲学家,如阿尔伯特·加缪(Albert Camus)和克尔凯郭尔,都是才华横溢的文学家,他们能把严肃的哲学思想直接传达给普通百姓。

又一只牛虻

正如苏格拉底是"雅典的牛虻",索伦·克尔凯郭尔的绰号是"丹麦的牛虻"。克尔凯郭尔通常被认为是现代存在主义之父,据说**存在主义**一词就是他的创造。

从很多方面看,克尔凯郭尔都是一个悲剧式的人物。他的父亲在妻子弥留之际勾搭上了一个女佣。后来,他娶了这女人,和她生了七个孩子,索伦是其中最小的孩子,生于 1813 年。索伦的父亲为其罪恶的生活方式而深感内疚,于是,他要求自己的孩子们必须接受严格的宗教教育。

青年时代的索伦生活奢侈,善于辞令。生活的变故使他与其心爱的瑞吉娜(Regina)解除了婚约。于是,他开始写作其处女作《非此即彼》(*Either/Or*)[3]。在这本书里,他讲述了自己面临的选择:回归堕落的感性生活,或全身心地维护精神的尊严。

克尔凯郭尔有很严重的忧郁倾向,他的深刻洞见和华美辞章是他内心痛苦的真实写照。他讲过一个古代的故事,说的是一个被判了火刑的无赖。仁慈的国王不堪受刑者的惨叫,可是,当烈火烧起时,不可思议的艺术灵感却把受刑者撕心裂肺的惨叫,转化为美妙的乐章。国王听到的只是令人心旷神怡的音乐,于是,他命令刽子手添足柴火,让美妙的音符继续飞扬。

在另一个地方,克尔凯郭尔讲述了一个正在剧院演出的小丑的故事。后台失火了,小丑被派到前台报警。观众对他的喊叫报以哄堂大笑,他们以为他是在插科打诨。"着

150

火啦!""着火啦!"他喊得越响,观众就笑得越厉害。

这些故事表达了克尔凯郭尔对艺术家的尴尬处境的看法。只有通过遭受苦难,艺术家才能创造别人所"喜闻乐见"的美,但是,艺术家凄楚的呐喊产生了异样的后果,一如国王对受刑者的惨叫,或观众对小丑的警报所做的回应。1855 年,克尔凯郭尔逝世,享年四十二岁。

人生的三个阶段

克尔凯郭尔在其早期著作中,曾论及"人生的三个阶段"。这三个阶段代表人们可以选择的三种生活方式。

首先是**审美阶段**,这个阶段的主要特征是,人作为一个旁观者而生活。旁观者也参与社会生活,也能对艺术发表精彩的评论,但是他不能坦诚待人,也不能自律。他主要是一个观察者,而不是一个实践者或实干家。克尔凯郭尔认为,这是精神缺乏能力的表现,是犯罪和绝望的根源。在这种情况下,人把生命的意义寄托于外部事件。他试图通过娱乐来实现自己的价值,逃避人生的烦恼。从某种意义上说,审美阶段的生活是一种享乐主义的生活,在这个阶段,生命存在于情感的和感官的体验之中。

克尔凯郭尔认为,精神与感性(sensuousness)不同。他用一所房子作比喻,他称地下室或地窖为感性,称建筑物的主体部分为精神。生活在审美阶段的人愿意住在地下室,但是,地下室的生活不可能是真正的生活。当他认识到地下室的那些诱惑存在致命的缺陷时,他就必须通过意志的

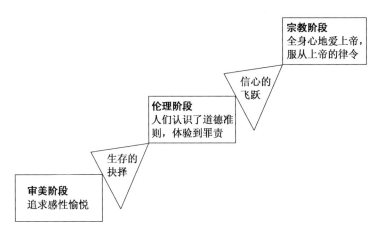

图 11.1　生命的三个阶段

决断,通过存在的"抉择",离开地下室。

　　其次是**伦理阶段**。在这个阶段,人能够转离自己的爱好和趣味,开始认识和接受普遍的行为准则。他产生了道德义务感,成为遵纪守法的人。但是,他还受理性准则的制约,这些理性准则只是以抽象的形式出现。他有了内疚的体验。他意识到自己是有限的,自己疏离了上帝。

　　道德律貌似一种客观性,凭借这一特征,普遍的东西控制了个别的东西。在普遍与个别的关系问题上,克尔凯郭尔猛烈抨击黑格尔所谓至高无上的理性主义。黑格尔用普遍或绝对淹没了个体,实际上,他消灭了个体。普遍本质吞没了具体存在。为了遵纪守法,人只好使自己的个性消失在抽象的社会关系和法律关系之中。如果一个人认为,只要严守法律,他就能成为正直的人,那么伦理将沦为信仰的障碍。现实的内疚感会让人面临一种前所未有的非此即彼

152

的选择：他或者停留在伦理阶段，或者超越这个阶段，而过渡到第三个阶段或最高的阶段，即**宗教阶段**。

然而，仅凭思想是不可能达到第三个阶段的。人必须承担明确的义务，克尔凯郭尔称这个步骤为飞跃（leap）：信仰的飞跃。这是主体的一种举措，人必须全身心地投入。

在评论 19 世纪欧洲文化时，克尔凯郭尔曾有过这样的怨言，他说他所生活的时代不是一个邪恶的时代，而是一个毫无价值的时代，一个缺乏激情的时代。沮丧之际，他开始读旧约，在旧约中，人们撒谎、盗窃、欺骗、谋杀、通奸。这是一些具有真实情感的真实的人，他们在极端痛苦中寻找信仰。

克尔凯郭尔所谓信仰的飞跃，不是让人服从一个他能以哲学或理性的方式认识的上帝，而是让人服从一个至高无上的主体。上帝不是抽象的**它**（it），而是如后来的布伯所强调的，上帝是**你**（thou）。

恐惧与颤栗

克尔凯郭尔面临的一个最紧迫的生存论问题是，如何做一个基督徒。他所知道的关于真正信仰的最好例证，就是亚伯拉罕。在《恐惧与颤栗》（*Fear and Trembling*）[4]这本书中，克尔凯郭尔考察了亚伯拉罕决定服从上帝意志的思想斗争过程，因为上帝发出一个不可思议的命令，要求亚伯拉罕杀死自己的儿子以撒（创 22 章）。亚伯拉罕决定服从上帝的意志，他这时所体验到的痛苦，与克尔凯郭尔决定放弃对瑞吉娜的爱时所经历的痛苦,如出一辙。

　　克尔凯郭尔在沉思亚伯拉罕与以撒的故事时,提出这样一个问题:"能对道德问题采取目的论的悬置态度(teleological suspension)吗?"[5]换言之,能把道德问题暂时搁置一旁,以便我们考察一种更高层次的力量吗?

　　在思考亚伯拉罕的两难处境时,克尔凯郭尔仔细阅读了上帝对亚伯拉罕说过的一段话:"你带着你的儿子,就是你独生的儿子,你所爱的以撒……"(创22:2)这个命令的意思再清楚不过了。以撒是亚伯拉罕最大的安慰,他晚年才与撒拉生下这个孩子,这是上帝的应许。为了实现上帝的应许,亚伯拉罕与撒拉的婢女夏甲此前已生有一子。但是上帝认为,夏甲的孩子以实玛利不是他应许的,上帝就把他放逐到旷野里。上帝说,"你带着你的儿子……"如果上帝的命令到此为止,亚伯拉罕就可以牺牲以实玛利,而不是牺牲以撒。但是,上帝的命令很明确。他要求的是亚伯拉罕"独生的儿子",他"所爱的以撒"。

　　在《恐惧与颤栗》这本书里,克尔凯郭尔经常提及这样一段叙述:"亚伯拉罕清早起来……"(创22:3)有的解释者认为,清早起来尽自己义务的那个亚伯拉罕,是一个虚构的圣徒,克尔凯郭尔没兴趣和这些人理论。克尔凯郭尔笔下的亚伯拉罕整夜辗转反侧,痛苦不堪,心里苦苦思索着上帝的命令,他怀疑,这个命令是否真的来自上帝。上帝在西乃山上赐下摩西十诫,其中包括"不可杀人"这个戒律。虽然亚伯拉罕所生活的年代早于这个时期,但亚伯拉罕显然知道这个道德律,他无法理解他所面临的这种两难处境(冲突)。

马丁·路德心爱的妻子曾对他说,她无法相信关于亚伯拉罕和以撒的故事,因为上帝绝不会那样对待一个儿子。路德回答说,"凯蒂,他**确实**是那样对待他的儿子的。"

154 　亚伯拉罕满怀信仰的激情服从了上帝的命令。他超越了伦理阶段,进入宗教阶段,因为他的行动表明,他相信自己与上帝的关系。冒险生活必然包含恐惧与颤栗、畏惧与焦虑。

克尔凯郭尔所描述的宗教阶段的生活,并不是要宣扬反律法主义或伦理相对主义。人们必须服从上帝,因为耶稣曾说,"你们若爱我,就必遵守我的命令"(约 14:15)。服从的动力不是遵守抽象规则的热情,而是对立法者满怀激情的爱,因为他曾说,"你应当……"服从是源于自发的爱,而不是源于外力的逼迫。克尔凯郭尔并不认为,律法的"精神实质"才具有真正重要的意义。承认律法的精神实质而不承认律法的条文规范,与承认律法的条文规范而不承认律法的精神实质,是同样的荒谬。

克尔凯郭尔的论点是,基督徒的生命源于人面临危难和焦虑时,其内心深处所迸发的激情。

对基督教王国的抨击

克尔凯郭尔强烈反对国家教会和名不副实的基督教。克尔凯郭尔认为,黑格尔把教会与国家融为一体,导致了由"市民基督徒"组成的毫无生气的基督教。丹麦人之所以被认为是基督徒,仅仅因为他们是丹麦人,上帝对个人信仰及其皈依的召唤,变得模糊不清了。在写作《对基督教王国的攻击》(*Attack upon "Christendom"*)[6]这本书时,克尔凯郭尔非常清楚,他有可能被捕或被起诉。他认为,国家教会已使基督教沦为空洞的形式主义和教条主义,因为国家教会只能为真正的基督教培养一些旁观者。这种批评反映了克尔凯郭尔的一个非常重要的哲学观点,我们可以称之为作为**主体性的真理**(truth as subjectivity)。

克尔凯郭尔的真理观成为许多争论的焦点。他所相信的公理是,上帝即真理。但是他认为,只有当信徒体验到他与上帝之间的张力时,他才能认识真理。他是说,真理本身仅仅是主观信仰吗? 他认为,信仰主体的内心经验是认识真理的唯一途径吗? 如果他同意前者,他就是现代相对主义之父。

克尔凯郭尔确实说过,"真理即主体性"。这句话的意思不仅仅是真理具有主观的成分。它提醒人们,必须完全否定客观真理。

但克尔凯郭尔的意思很可能不是完全否定客观真理,以下论断可以证明这一点:"外在于我们的,是一种客观的不确定性。"说我们对外部实在的认识没有客观确定性是一回事,说在我们之外根本没有任何客观实在性,则是另一回事。

克尔凯郭尔的主观方法强调,个人体验比基于事实的信息更重要。信仰对真理的主观把握,是能够深刻影响我

155

们生活方式的一种体验。克尔凯郭尔可能不同意笛卡尔由思想推论存在的做法。克尔凯郭尔认为,思想使存在(existence)**远离**实在(away from the real)。不是由思想推论实在,而是由实在推论思想。椅子的抽象概念或"椅子的本质"的抽象概念,实际上取消或抹杀了真实的椅子,因为抽象过程丢掉了或模糊了真实而具体的椅子(它的重量、颜色、款式等)所具有的具体特征。这就是克尔凯郭尔之所以被称为存在主义者的原因。他关心的不是抽象本质(形而上学),而是具体的特殊本质。

克尔凯郭尔认为,真理即主体性,这个论点所包含的问题,丝毫不亚于基督教对**客观历史性**的传统认识。圣经宣传的基督教,与真实的历史紧密相关。基督教断言,在历史上的某个时刻,确实发生过一些重大事件,这是毋庸置疑的。如果没有历史真实性,基督教就不复存在了。

现代存在主义神学把克尔凯郭尔的论点推向极端。这些神学家说,耶稣是否具有历史真实性无关紧要,重要的是"复活节信仰"(Easter faith)在信徒心里所产生的存在意义。对布尔特曼之类的存在主义者来说,基督教不是存在于历史层面,而是存在于**此时此地**(*hic et nunc*),事关抉择。布尔特曼提出一种超时间的神学,这种神学认为,上帝"在天上直接"与我们相遇。

非科学的附言

克尔凯郭尔在《非科学的最后附言》(*Concluding*

Unscientific Postscript）[7]这本书中，讲述了两个祷告的人。一个是基督徒，公开宣称自己信仰上帝，但是他的祷告不虔诚。克尔凯郭尔说，实际上，他是在向一个偶像祷告。另一个不是基督徒，却满怀真情地向偶像祷告。于是，克尔凯郭尔说，后者是在向上帝祷告。为什么？因为只有在内心世界，而不是在外部世界，我们才能发现真理。对个人来说，满怀激情的内心体验才是最高真理。

但是，这种说法回避了问题的实质。如果某人满怀激情地崇拜撒但，难道这能使他成为基督徒吗？我很难相信这就是克尔凯郭尔的观点，可是有的时候，这确实很像他的观点。他在《非科学的最后附言》中说，"通过最强烈的内心体验而清楚地意识到的那种客观的不确定性，就是真理，就是存在着的个体所能认识的最高真理。"[8]如果把这个观点用于某些互相对立的哲学，我们就可以说，对黑格尔哲学的浓厚兴趣能够使黑格尔的哲学具有真理性，使克尔凯郭尔的哲学不具真理性。

克尔凯郭尔在其他地方还说，客观地接受基督教必然导致偶像崇拜或盲从。"只是"客观地接受基督教，却没有主观的满怀热情的委身，这种观点并不符合基督教信仰（pagan），如果他的意思是这样，那么就没关系。基督教的真理主张具有客观真实性，而这种观点不符合基督教信仰，如果他的意思是这样，那么克尔凯郭尔应该被罚出场外。

主观方法固有的一个缺陷是，它仍然依赖不断更新的经验。心灵之锚还没有固定它的绳索。基督教包含悖论，

157

只有通过信仰,人们才能相信这些悖论;克尔凯郭尔在强调这个问题时,走得太远了,因为他完全排除了理性的作用。基督教也许包含神迹和悖论,但它不是非理性的。如果信心的飞跃飞入荒谬的境地,那就是一种不幸。圣经叫我们跃出黑暗,走进光明,而不是跃入黑暗,我们在黑暗中希望,上帝已为我们撑开一面安全网。

克尔凯郭尔区分了"陈述"与"命令",人的现实处境与理想处境。从人的本质处境到他的生存处境,有一个转化过程。克尔凯郭尔说,探讨堕落问题的神学描述了这个转化过程。原罪使人背离了他的基本人性,堕落到现在的处境——远离上帝。只有通过信仰的飞跃,通过进入生命的宗教阶段,人才能实现或达到其真实的本质,因为在宗教阶段,纯洁的心灵只专注一件事情——对上帝满怀激情的爱。

克尔凯郭尔排斥黑格尔和理性主义哲学,这与康德有关。我们知道,康德主张,现象世界和本体世界之间存在着障碍。在康德看来,这是一堵很长的墙,你不可能绕过去;这又是一堵根基很深的墙,你不可能从下面爬过去;这还是一堵很高的墙,根据理论理性的判断,你也不可能从上面爬过去。克尔凯郭尔发现一种能够过去的办法:信心的飞跃。

158　　　如果说克尔凯郭尔是基督教存在主义之父,那么19世纪的尼采可以与之匹敌,因为尼采是无神论存在主义者。他们以后的存在主义哲学发展史,都发端于这两种截然不同的思想。克尔凯郭尔逝世以后,过了七十五年,欧洲大陆的神学家,如卡尔·巴特、埃米尔·布龙纳等,又重新发现了他的著作，复活了他的思想。他们的"新正统神学"或"辩证神学"占领了西方神学界。布龙纳的小册子《作为相遇的真理》(*Truth as Encounter*)[9]丰富了克尔凯郭尔关于真理即主体性的思想。

第12章　无神论存在主义者
弗里德里希·尼采

在纽约地铁的墙上，涂抹着这样两句醒目的标语：

"上帝死了。"——尼采
"尼采死了。"——上帝

被称为"关于上帝之死的科学"（theothanatology；the science of the death of God）的思想运动，肇端于弗里德里希·尼采。尼采的哲学研究绝不仅仅是为上帝写了墓志铭，或如某些人所言，他让阿道夫·希特勒做了一个疯狂的美梦，于是，希特勒开始创造一个由金发碧眼的纳粹党人组成的雅利安超级种族。（据说在成为"第三帝国"的元首以前，巴伐利亚的这位油漆工在圣诞节期间，常常会把尼采的《查拉图斯特拉如是说》[*Thus Spake Zarathustra*][1]这本书，送给他的褐衫党徒。）

尼采出生于 1844 年,其祖父是路德宗牧师。弗里德里希这个名字,源于普鲁士国王的名字。在他四岁时,他父亲就离他而去,因此,他是在一个由女人组成的大家庭中长大的,这个大家庭包括他的母亲、妹妹、祖母,以及两个未婚的姑姑。人们也许认为,他小的时候,一定遭受了某种"虐待",因为他夹在一群喋喋不休的妇女中间,但是,这不过是一种无根据的修正或新闻记者的加工润色。实际上,尼采在很小的时候,就表现出非凡的智力。他被任命为巴塞尔大学(University of Basel)教授时,年仅二十四岁。

160

瓦格纳(Richard Wagner)是希特勒最喜欢的作曲家。与瓦格纳断交以前,尼采钟爱他所谱写的条顿风格的乐曲。尼采曾说,"如果人们希望摆脱难以忍受的压力,他们就需要麻醉。真的,我需要瓦格纳。"接二连三的严重疾患,成为尼采短暂生命的明显标志(他死于 1900 年,享年五十六岁)。三十四岁时,由于健康原因,他被迫放弃巴塞尔大学的教授职位,在欧洲寻求治疗。他的最后十一年,是在精神病院度过的。虽然进行治疗,但是,他患的精神病显然起因于大脑所遭受的严重感染,没有治愈的希望。在这段时间,他产生了一种幻觉,以为自己是耶稣基督,因此,他回信时的落款往往是,"被钉在十字架上的那个人"。他妹妹承担了照看病人的部分工作,据说,有人想亲眼目睹她那名声远扬,但是现在已成为精神病人的哥哥,她竟然卖票给他们。

如果我们用一个词来概括 19 世纪欧洲的"时代精神"(Zeitgeist),这个词就是**进化**。进化论思想没有局限于生物学领域,而是成为新兴的历史哲学,如黑格尔和马克思的历史哲学,以及赫伯特·斯宾塞(Herbert Spencer)的"社会达尔文主义"的重要组成部分。有人称尼采为"进化论哲学家"。他拒绝了达尔文(Charles Darwin)的很多思想,却深受达尔文主义的影响。尼采把进化论假说扩展到动物的身体演化之外,使宗教、哲学和逻辑都成了进化的产物。但是他不相信,人类一定会沿着螺旋形轨道向上发展。在尼采看来,进化不是按照某种方案(方案一词仍然是上帝观念的残留物)展开的,而是任意的。就人类而言,进化并不总是偏爱上等人,相反,进化常常会妨碍他们的发展。

161 　　和克尔凯郭尔一样,尼采也反对黑格尔的理念,他认为,19 世纪的欧洲文化不是在前进,而是在后退。克尔凯郭尔抱怨说,他那个时代毫无价值,缺乏激情;尼采也抱怨说,他那个时代颓废堕落。颓废(decadence)是一个过程,也许是一个进化过程,不过在这个地方,**退化**(devolutionary)一词更恰当。正如颓废一词的内涵所示,颓废不是一个发展的过程,而是一个衰败的过程,不是一个创造的过程,而是一个退化的过程。

　　尼采把这种衰退大部分归咎于基督教的消极影响。尼采说,由于强调对上帝的服从,犹太教-基督教的文化传统压制了人类的基本精神。软弱代替了力量,怜悯代替了胆量和勇气。

　　和克尔凯郭尔一样,尼采也是一名存在主义哲学家。但是人们认为,克尔凯郭尔是宗教存在主义之父,尼采则是无神论存在主义之父。尼采宣布，上帝死了。他把上帝的死因归诸怜悯，认为怜悯是一剂致命的药。尼采大声说，"上帝死了，他死于怜悯。"尼采以讽刺的口吻说，开始的时候，有很多神，例如住在奥林匹斯山上的那些神；后来，一神论出现了，诸神之一（犹太人信仰的耶和华）站起来说，"在我面前你们不可有别的神。"尼采说，这时，其他所有的神就都死了——笑死了。

　　尼采在攻读博士学位期间，研究了古希腊的艺术和哲学。他发现在古代阿波罗（Apollo）和狄奥尼索斯（Dionysius）这两个偶像之间是有冲突的。尼采在自己身上发现了这两种偶像的内在冲突，这是心灵和意志的一种对立。阿波罗是理性和秩序的化身。他代表希腊人对秩序与和谐的向往。阿波罗风格的艺术表现了完美的对称和比例。阿波罗风格的雕刻完美无缺。另一方面，狄奥尼索斯的形象代表了无序的因素。狄奥尼索斯是古代酒神节所崇拜的对象，酒神节取名于掌管葡萄或美酒的神巴库斯（Bacchus）。在古代的庆典仪式中，人们在进入一种陶醉的狂欢的恍惚状态以后，就会获得一种神秘的解脱感，不再受理性的压抑。在这种狄奥尼索斯式的恍惚中，人们不再是单独的个人，因为他们已经与超然的"一"或"超灵"（oversoul）神秘地结合在一起。

162

　　尼采认为，阿波罗的理想已经在黑格尔的理智主义（intellectulism）中化为现实，狄奥尼索斯的精神也已在阿瑟·叔本华（Arthur Schopenhauer）的意志主义（voluntarism）中化为现实。狄奥尼索斯的榜样能够使我们进入能动的生命之流,激情是生命之流的特征,音乐,能够激发放纵感的音乐,则是生命之流的表现形式。

人们有时认为,尼采倾向于狄奥尼索斯模式,而不是阿波罗模式,这种说法是错误的。毋宁说尼采相信,希腊文化的伟大成就源于这两种因素的结合。他所批判的是,现代文化对狄奥尼索斯精神及其合法性的全盘否定。他之所以批判基督教,是因为基督教禁止人们尊重狄奥尼索斯,而只许他们信奉理想主义,因为理想主义基本上不承认,生命力是人的完善和本真的生存所不可或缺的。

权力意志

尼采认为,达尔文过分强调自我保护这一自然规律。简单地说自我保护或适者生存,并不能"拯救自然现象"。在自然界,能够产生新物种的那种力量往往会带来死亡,而不是生命。尼采认为,最重要的生命力不是自我保护,而是他所谓的**权力意志**(will to power)。

权力意志可与现在的一些范式联系起来看,例如人们都想爬到金字塔的顶部,都想成为动画片《一家之主》(King of the Hill)的主人公。用心理学术语说,权力意志就是想要变得重要,就是对"人生意义"的探求。人们希望,他们的生活过得有意义。对名誉和地位的追求,就是这种愿望的反映。从一个基督徒的角度看,权力意志就是人们对重要性的崇高追求走向了狂热。

在尼采看来,达尔文的观点过于消极。达尔文强调对环境和环境变化的适应过程。尼采坚持说,生命是活跃的;它发挥自己的力量,不断成长和扩张。生命不止是生存或维持现状。

我们可以从商业界来看二者的区别。只有当公司不断发展壮大时,我们才能说,它的经营是成功的。如果一个公司已经发展到"维持期",力图维持现状,那么事实上它已经注定要倒闭了——只不过是具体时间的问题了。自我保护的欲望完全是恶劣处境的产物。与此相反,权力意志必将以更快的速度,努力生产更多的产品。一个生命的存在以另一个生命的牺牲为代价。一个人要想成为权力斗争的胜利者,另一个人就必须成为失败者。没有被征服者或失败者,就不可能有征服者。大自然不是一个干净整洁的乐园,而是充满废料和污浊。

尼采认为,权力意志实际上是一种压倒对手的意志。"最强的和最高的生命意志不可能表现为一种痛苦的生存斗争,而只能表现为一种战争意志。"基督教和犹太教强加于人的那些绝对的道德准则,是残忍的,是灭绝人性的;它们的和平理想否定了人最基本的欲望。最符合人性的那些事物,被这些宗教一律痛斥为罪恶。它们使人远离自己的基本属性,这只能使他过上"悲惨"的生活。

民众道德

164

尼采区分了"民众道德"(herd morality)与"主人道德"(master morality)。民众道德又称为"奴隶道德"(slave morality），是寻找安全感的人所宣扬的道德。它起源于最卑劣、最低贱的社会成员——弱者、被压迫者，以及缺乏信心者。它所颂扬的如下"美德"，有助于减轻痛苦和烦恼：同情、忍耐、仁慈、谦卑等等（这些品质看上去很像《加拉太书》第 5 章所说的"圣灵的果子"）。

尼采认为，奴隶道德或民众道德注重功利。（功利主义是一种道德规范，它强调最大多数人的最大利益，主张为了满足多数人的愿望，可以不顾少数人或优秀者的意愿。）奴隶道德有利于弱者。赞成这种道德的人仿佛牲畜或没有头脑的绵羊，它们在畜群中寻找安慰和安全感。恐惧是这种道德的根源和动力。

纵观历史，民众道德的成功秘诀在于，对处于优越地位的主人进行报仇。它把强者和勇敢者的品质解释为恶行：积累财富的人是贪婪的，拥有权力的人是暴君。

尼采认为，主人道德与奴隶道德形成鲜明对照。主人听命于不同的号角。主人道德是高尚的，因为它是贵族的道德。对高尚的人来说，恶就是平庸、呆板、粗俗。和平民不同，真正的贵族认为，他创造了自己的价值观念和道德观念。他是自己命运的主人。他能主宰自己的命运。他不需要民众来认可自己的行为。他是自己的法官。在他实现自己权力意志的同时，他就获得了自己的荣誉。他是领头羊，他能打败所有与他发生冲突的敌人。他非常尊重权力，而且只崇尚强力。他严格要求自己，勇于面对那些能够提高自身力量的艰巨任务。

165

尼采说，回顾历史，我们会看到，贵族阶层都是出自野蛮人。在显示他们征服别人的体力之前，他们已经显露出运用其权力意志的精神力量。他们是完善的或真正的人。然而，野蛮人最后还是失败了，因为民众成功地把和睦、平等之类的理想，提升为社会的道德准则。随着民众道德的到来，人类最基本的属性被否定了，根据尼采的观点，这是对生命本身的否定。

尼采认为，民众的胜利归根结底还是靠着欺骗（dishonesty）。这个骗局的主要设计师就是犹太教和基督教的追随者。尼采说过这样的话，"我认为，基督教是有史以来最具毁灭性和诱惑力的一个谎言，是最大、最邪恶的一个谎言。"如果普罗泰戈拉认为"人是万物的尺度"，那么尼采认为，下贱的民众道德已经成为万物的尺度。人们打着上帝的旗号，把新约伦理强加于西方文化，结果导致了退化。

举例来说，基督教提倡爱我们的敌人，可是自然本性要求我们恨我们的敌人，因为他们是我们实现自己权力意志的绊脚石。通过腐蚀强者的生物本能，基督教削弱了他们的生命力。一旦把"上帝"带入这个方程式，强者的力量就会被削弱。基督教成功地培育了人们对世界以及世界万物的憎恶。

尼采呼吁，要重新评价我们的道德。尼采不是要以某些绝对标准为基础而建立一个新的道德体系，因为他反对所有的体系。毋宁说他是在呼吁人们起来反对那根深蒂固的民众道德，揭开它的面纱，揭露它的虚伪。必须让人们认

166　识到,民众道德认为是"好的",并不是真正的美德,而只是怯懦的掩盖物。生命即权力意志,而非其他任何事物。人必须具有实现其本质的自由。

尼采抱怨说,传统道德"不诚实",这种说法很奇怪。他显然认为,诚实是一种超凡的美德,即使主人也以此为规范。问题是,如果诚实与权力意志发生了冲突,那该如何是好?很显然,诚实也必须为权力意志让路。尼采一边抨击民众道德,一边又求助于他的抨击对象所包含的美德之一。

超人

尼采的超人(*Übermensch*)与漫画书中的人物毫无相似之处。出现在尼采脑海中的,不是《星球日报》(*Daily Planet*)那个温文尔雅的记者。尼采所谓的超人和吉米·奥尔森(Jimmy Olson)、露易丝·莱恩(Lois Lane)或满腹牢骚,不停地叫喊"凯撒大帝的鬼魂来了!"的编辑*没有半点关系。尼采的超人也没有害怕氪石的弱点。他的超人无须比子弹飞得更快,比火车头更有力,或一跳就能越过一座高楼。

尼采的超人是一个征服者。能够为自然本性提供辩护的,不是只有生存能力的民众,而是少数几个才能卓越的优秀人物,他们是天才,是超人。超人不是出现在将来的某个

---

* 指佩瑞·怀特(Perry White),他是《超人》中《星球日报》的主编。他的这句名言出自 1955 年的《超人》剧作《凯撒大帝的鬼魂》(*Great Caesar's Ghost*)。——编者注

种族,像雅利安人计划的那样。他们不过是人类历史上不时出现的一些优秀人物,如凯撒大帝、亚历山大大帝,以及拿破仑。

尼采把超人描述为一个勇气非凡的人物,这勇气就是所谓"辩证的勇气"(dialectical courage)。这种勇气存在和作用于相互对立的力量之间。尼采常常被当作虚无主义之父;虚无主义声称,人生没有终极意义,超自然的目的、价值或品德是不存在的。归根结底,只有虚无(nihil)存在——das Nicht——"人的存在是虚无"。根据这种思想,美德是不存在的。说到底,勇气本身也没有任何意义。由于这个原因,尼采说,他所谓的勇气是"辩证的",因为它作用于矛盾之间。于是,出现了一个显而易见的问题:如果勇气毫无意义,为什么还要号召人们敢作敢为呢?尼采可能会说:"人们无论如何都要有勇气!"

尼采的超人异常勇敢。他清楚地知道,不存在任何价值观念,于是,他创造出自己的价值观念。他敢于在前人未知的水域扬帆远航,敢于在维苏威火山脚下建造住房。他是海明威(Ernest Hemingway)式的英雄,是敢于挑战生命的勇往直前的斗士,是敢于只身对抗大海的老人。他是电影《多佛的白垩崖》(*The White Cliffs of Dover*)中的詹姆斯·凯尼,与敌人进行了一场你死我活的空中大战之后,仍然驾驶着失灵的战机,冲向白垩崖的峭壁。随着屏幕暗去,凯尼透过驾驶窗破碎的玻璃,破口大骂来犯之敌。第二天,阳光悄悄地洒在白垩崖的一片静谧中,鸟儿欢快地叫着,飞行员的

167

尸体和战机的残骸已然葬在大海深处。

尼采的超人显示了阿波罗精神与狄奥尼索斯精神二者之间的一种平衡。超人不是进化的产物,因为进化意味着历史的发展是直线式的;尼采的主张是改头换面的古代历史观,这种观点认为,历史的发展是循环式的。电影《猎马者》(*They Shoot Horses, Don't They?*)描写了经济大萧条时期,人们举办的一次马拉松式的舞蹈比赛。为了娱乐,或为了一美元,人们就会做一些离奇的事。为了加快步速,迫使更多舞者退出比赛,司仪宣布,舞会正式开始,全体舞者列队行进,这要求舞者绕着舞场周边快步行进。麦克风传出司仪那魔鬼般的喊唱:"转啊转,不停地转。什么时候停,没人知道。"对比赛者来说,列队绕场搞得他们精疲力竭。一个舞者的心脏出现严重问题。这部影片明显地表现了存在主义哲学的主题。它形象地描绘了循环式历史观所产生的绝望。这个话题也是旧约《传道书》的主题,《传道书》比较了"日光下"的生活(现世的生活)与"天堂"的生活。让人产生绝望和终究无意义("虚空的虚空")这种感觉的,就是日出日落、循环往复的观点(《太阳照常升起》*),就是日光之下无新事的观点。

尼采认为,如果进化有一个目的,那么到现在为止,这个目的必然已经重复出现。时间是无限的,世界上的重大事件会不断重复。会多次发生法国革命,会不断地出现拿

168

---

* 《太阳照常升起》(*The Sun Also Rises*)是海明威的小说作品。——编者注

破仑式的人物。现实世界仿佛变幻不定的大海。唯一明显的趋势就是权力意志的表现。

尼采说,这种永恒轮回的部分含义是,上帝必须死去。"上帝"不过是对绝对存在的一种幻想,是心灵的一种创造。为了迎接超人的新世纪的到来,我们必须克服这种幻想。创造了上帝的那些人,必须再来杀死他。我们必须有意识地从我们的思想中消除上帝这个观念。只有这样,我们才能摧毁建立在这个观念之上的具有普遍意义的道德和价值体系。

尼采的主人公查拉图斯特拉从山上下来,宣布了一个可怕的好消息:上帝死了。注意到这件事情的人都意识到,他们仍然生活在死去的上帝的阴影之中,他们还担心虚无主义的结果。人们不相信上帝了,因为他不再可信,也不值得人们支持了。尼采这样写道,"无论在历史上,在自然界,还是在大自然背后,我们都没有发现上帝。使我们与往昔不同的,不是我们发现没有上帝,而是我们不再将过去尊之为上帝的当作'神圣的',而是痛苦的、荒谬的、有害的;不仅将之当作一种错误,更是敌对生命的一种罪恶。我们不相信,神就是基督教的上帝(god as God)。如果谁想向我们证明基督徒的这个上帝,我们就更不会相信他。"

169

尼采的"逻辑"

要对尼采的思想做任何评价,就必须首先了解他的认识论。该如何反驳一个一开始就传讲荒谬性的哲学家呢?

在与非理性的"使徒"打交道时,我总要问他们这样一个问题:你们为什么要张口说话?如果讲话者已经承认,他的观点是荒谬的,我就没有任何必要来证明这种说法的荒谬性。非理性的哲学家最一贯的行为也许就是闭嘴。如果他们不会说任何有意义的话(因为有意义的话是不存在的),为什么还要胡言乱语呢?然而,他们还是不停地讲,不停地写。一句话,他们认为,他们的观点是"正确"的,但是,他们的论证缺乏有效性或无效性的任何根据,因为他们不承认有效性原则。

当我以这种方式质问这些伪哲学家时,他们回答说,他们没有必要前后一贯或合理合法,因为实在和真理都是既不前后一贯,又不合理合法。说真的,这可能是不合理思想的一种"合理"辩解。试图用合理的方式来解释不合理的思想,这显然是在回避问题的实质。这是弄巧成拙,因为这种做法正好使用了它所批评的那些准则。这是既想吃掉蛋糕,又想留下蛋糕的一个典型例证。

如果坚持非理性原则,思想家的思想就会随他所愿,就会模糊不清,就会免于严肃的批评。如果我们指出其中的不连贯、矛盾或错误,他就会说,"你看,我不是告诉过你,我的观点荒谬吗。"

170   人们一定想知道,埃利亚的芝诺会如何对付这些思想家。他最喜欢使用的归谬法,可能不再奏效了。怎么能把本来荒谬的论证再归结为荒谬论证呢?纯粹是浪费时间!某人一开始就声称,他不讲道理,我要是与他辩论,我就根本没有必要反驳他,因为他已经替我反驳了他自己。我把麦克风还给他,客客气气地请他重复一遍自己的观点,不过,声音要大一些。如果他说,他选择有神论是一个错误,他就已经做了我想为有神论做的所有事情。我还没有使用的唯一策略就是嘲笑。我们应该嘲笑(尽管会笑出了眼泪)那些他们断定有神论为荒谬的论据。

具有讽刺意味的是,坚持错误理论的大多数人,不愿被别人认为,他们是在错误地坚持错误的理论。他们希望别人能够把他们当作错误思想的有力辩护者,这是劳而无功。因为尼采(或其他任何人)对非理性思想的论证如果是正确的,那么这种非理性思想必然是错误的!

使徒保罗说,上帝已经清楚地把自己显示给我们每一个人,因此,任何人都知道他那永能和神性;人们没有任何借口,不尊他为上帝。由于人们拒不承认他们明明知道是正确的东西,因此,他们的"思念就变为虚妄,无知的心就昏暗了"。保罗还说,"自称为聪明,反成了愚拙"(罗 1:21—22)。使徒的这些话涉及理论思想史上令人困惑的问题之一:像阿奎那和尼采这样才华横溢的学者,怎么会提出两种完全对立的世界观呢? 如果哲学思想既包括彻底的有神论,又包括虚无主义,那么这些天才后来究竟是如何分道扬镳的呢?

答案也许如下:在思想发展的开始阶段,如果某人不承认上帝的存在,那么他越是有才华,他的思想就可能离上帝越远。没有宗教信仰的大多数哲学家,都会得出介于有神

171

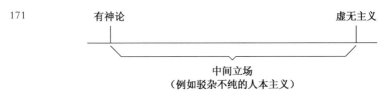

图 12.1   哲学观点的谱系

论与虚无主义二者之间的结论,他们要靠有神论或虚无主义的赊贷过活。如果不承认上帝,那么虚无主义固然荒谬,但是它仍然比驳杂不纯的人本主义或其他任何中立的观点更有意义。

虽然我不赞成前设护教学(presuppositional apologetics),但是我知道,上帝的存在是所有理论思维最高、**最原始**的前设。上帝是我们构建任何世界观的主要因素。否认这个主要假设,人们就会驶向虚无主义的荒岛。这是人们昏暗的心灵中最昏暗的地方,是愚人的天堂。

第 13 章　作为文学家与哲学家的让-保罗·萨特

20 世纪后半叶,在哲学界起着主导作用的,一方面是存在主义(或现象学)哲学,另一方面是分析哲学。在现象学的阵营中,有两个举足轻重的思想家:马丁·海德格尔(Martin Heidegger)和让-保罗·萨特。

重要思想家同出一源的现象,在思想史上并不多见。一个例证是古代的思想三巨人,即苏格拉底、柏拉图和亚里士多德。就影响而言,他们的思想使其他所有学派的思想黯然失色。然而,在上个世纪,我们又看到另外三位思想巨人,他们与苏格拉底学派不同,却可以与之媲美,他们是:埃德蒙特·胡塞尔(Edmund Husserl)、马丁·海德格尔和让-保罗·萨特。此三者有着共同的主线,它起源于胡塞尔。

埃德蒙特·胡塞尔

埃德蒙特·胡塞尔(1859—1938)被公认为当代现象学

之父。他曾师从弗朗兹·布伦塔诺（Franz Brentano）学习了一段时间。此后，他先后执教于哈雷大学（University Halle）和哥廷根大学（University of Göttingen）。1916 年，他到弗莱堡大学（University of Freiburg），在那里一直工作到 1928 年。因为他是犹太人，所以 1933 年之后，德国政府禁止他参加德国的学术活动。

174　　　　胡塞尔承认，他的思想起源于笛卡尔。他把自我意识作为其哲学思想的出发点。人的本质存在于他所谓的意向性之中。他认为，人对自己的心灵状态的直接知识，是理解力（understanding）唯一可靠的基础。但是，人必须把内在于心灵状态的东西与外在于心灵状态的所有东西区分开。心灵的"意向性"使意义成为所有心灵活动的必要组成部分。

　　胡塞尔认为，空洞的意识还不是人类经验最清晰的真理，因为意识往往是关于**某物**的意识。心灵必须把对事物的这种意识"放在括号内"。加括号是一个与任何客观性观点区分开的过程。对于世界是否存在的问题，胡塞尔没有妄下结论。他说："在我看来，世界不过是我意识中的那些事物，不过是有效地出现在我思维活动中的那些事物。"

　　胡塞尔认为，世界的意义起源于自我对现象的经验。胡塞尔把哲学的范围限制在现象性经验之内。世界就是我的意识希望它成为的那种事物。我们对事物的理解，决定着事物的本质。反之，事物的本质却不能决定我们的理解力。这里，我们终于看到了存在主义信条的渊源："存在先于本质。"

马丁·海德格尔

马丁·海德格尔（1889—1976）是胡塞尔的学生，1920
年，他在弗莱堡大学开始担任胡塞尔的助教，1927 年，他接
任胡塞尔的职务。海德格尔常常被划归为存在主义哲学
家，尽管他曾明确否认自己是一个存在主义者。他最关心
的是建立一种新型的本体论或关于存在的理论。他的鸿篇
巨制名为《存在与时间》（*Sein und Zeit*）[1]。在"第三帝国"的
开始几年，海德格尔支持过纳粹。后来，他的幻想破灭了。
由于他以前曾与纳粹合作，所以第二次世界大战以后，德国
政府禁止他在德国从事教学活动。

海德格尔本体论的出发点是人。他用"此在"（*Dasein*）
这个术语来界定人，"此在"的字面意思是"存在在此"。人
不是物；他是存在者（being），但是他的"存在"总是在这个
世界之中。他的存在不是一种抽象，而是存在"在此"。人
一开始总是发现自己处于海德格尔所谓的"被抛状态"
（thrownness）。可以说，人发现自己是被动地被抛入其特殊
存在的。他被抛入生活的洪流，因此，他有责任积极地去发
现生存的意义。他不确定地悬在克尔凯郭尔所谓"非此即
彼"的状态之中。他可以把自己解释为一个事物——诸多
事物之中的一个事物，也可以把自己面对的诸多可能性解
释为他的生存理由。他必须在本真的生存与非本真的生存
之间做出选择。

"非本真"的人不假思索，妄下结论，他们的思想执着于

175

日常事务。他的欢乐总是取决于外部世界发生的一些事情。从某种意义上说,报纸和电视成为他的思想。他的思想生活不过是分散注意力,以避免产生不安或厌烦,这是在做持续的白日梦。

描述非本真生存的另外一种方式是,它专注于时间的流逝。生命被归结为一种单纯的消遣。实际上,正是时间的因素才突出了这个问题。时间因素对于我们体验被抛状态具有关键意义。海德格尔说,我们能够认识时间,是因为我们知道,我们终有一死。光阴似箭(*Tempus fugit*),这个严酷的现实将我们湮没在时间性的生存中。实际上,在我们生命的每一时刻,我们的时间都在不断地消逝。因为我们总是生活在此时此地(*hic et nunc*),所以我们的基本情绪是"畏"(anxiety)。

176 　　和弗洛伊德(Sigmund Freud)一样,海德格尔也区分了怕(fear)与畏。怕的对象是具体的:怕狗,怕蛇,怕老板,怕抵押支付,或者怕威胁着我们的另外一种永恒的实在。畏比怕更深刻,更令人不安。它没有确定性。我们不知道它的对象叫什么,然而,它仿佛悬在我们头上的达摩克利斯之剑(Sword of Damocles)。人们能够逃脱怕的对象,却很难逃脱畏的纠缠。当非本真的人逃避其怕的对象时,畏的情绪却紧紧跟随着他。

本真的人敢于对任何形式的逃避主义说不。他敢于直面畏。本真的人已经认识到,畏既有破坏性,又有建设性。它可以使人逃避到非本真的生存状态中,也可以成为自由的催化剂。通过正确的选择，人能够成为本真的人。

非本真的人在日常生活中寻找安全感。他成了"一般的"人，所以他不承认自己的特殊性。从这个角度看，他的行为很像弗里德里希·尼采所谓的"民众"。他只相信人们希望他相信的那些事物，不敢越雷池一步。因为压抑着超越别人的冲动，所以他使自己平庸化，成为一个"一般的人"。他没有承担做出选择的责任，因此，他也就没有承担自己生存的责任。他放弃了他的自我，接受了受害者的观点。但他还是不能摆脱畏的情绪，因为这是人的存在无法回避的一种生存模式。我们知道，畏没有对象。它不是物，更确切地说，它是"无"（nothing）。畏揭示了无对我们存在的威胁。我们都会死去，这是无法避免的。

本真的人敢与无的威胁抗争。他知道他无法超越自己的界限，特别是时间性和有限性这两个界限。只有通过果敢的决断，人才能征服这些限制。他希望彻底实现自己的潜能。他每时每刻都要面对无，他仿佛走在自己前面。他完全承担起自己的历史责任，这样，他就能够面对未来。他有意识地承担自己的历史责任，有意识地面对自己的历史使命。

这会让人想起海明威的死。海明威承认，他无法战胜死亡。他能够战胜死亡的唯一方式是，决定自己死亡的方式和时间。一天晚上，他妻子已经休息了，他小心翼翼地装备好自己那支心爱的猎枪，只要轻轻扣动扳机，他就能打爆自己的脑袋。

177

让-保罗·萨特

让-保罗·萨特（1905—1980）曾先后在巴黎和德国学习，在德国学习期间，他听过胡塞尔的课，也跟着海德格尔学习过一段时间。萨特的第一篇小说《恶心》（*Nausea*）[2]评述了人类的窘迫处境。萨特认为，这是他所写的最好的书，该书为他赢得具有杰出才华的文学家之美誉。

第二次世界大战期间，萨特积极参加了法国抵抗运动，曾被德国占领军逮捕。在被监禁期间，他仍在研究和阐述海德格尔哲学。他还深受马克思主义影响，但是他从未加入共产党。当他获得诺贝尔文学奖之后，他拒绝领奖，原因是这会使他成为一个制度化的人。

萨特在学生时代就结识了他的终身情侣西蒙·波伏娃（Simone de Beauvoir），波伏娃后来成为法国非常有名的作家。

萨特的文学作品还包括《苍蝇》（*The Flies*）、《密室》[3]等剧作。他最有影响的哲学著作是《存在与虚无》（*Being and Nothingness*）[4]，该书出版于 1943 年。

萨特有一句名言：存在先于本质。这个思想与其无神论有直接关系。以往的无神论者虽不承认上帝存在，却仍然谈论"人性"。**人性**这个词意味着，全人类具有一种共同的"本质"。但是萨特认为，如果人都有一种本质，那么他必然是更像一个物，而不像一个人。萨特比较了人造的物与人本身。前者是由制造者设计，以实现某种用途或目的。

物的观念,即物的本质,先于物的制造,物的观念创造了物
的现实存在。就人造物而言,本质先于存在。要使这个理
论适用于人,就必须有一个能够设计和创造他们的造物主。
这个造物主会先有一个计划,他想创造什么,他创造这个东
西的目的是什么。

　　萨特不相信上帝存在,因此他认为,对于人类而言并没
有先天的计划,他们也没有表现出什么设计或目的。根本
不存在个体的人能够与之相符或一致的人性或本质。

　　萨特说,就人而言,存在先于本质。人就是那样存在
着。他首先存在,然后才规定自己的本质。人把自己理解
为什么,他就是或就能成为什么。这并不是说,人能够自己
创造自己;他根本不是被创造的——他就是那样存在着,他
必须规定自己的本质。从这个角度看,人想成为什么,他就
能"创造"什么,但是他不能创造自己。他能以一种不同的
方式创造自己,就是说,他能创造自己的价值。

　　萨特区分了自在的存在(*l'en-soi*/being-in-itself)与自为
的存在(*le pour-soi*/being-for-itself)。他认为,人的意识不是
一种"物品"。知识不是一个物品(心灵)与另一个物品(物
质世界中的对象)之间的关系。意识总是对某物的一种认
识,与此同时,这也是意识对自己的一种认识,它认识到,自
己不是一种物品。用认识论的术语说,我们的出发点不是
"我意识到我自己的存在",而是"我就是一种意识"。

　　自在存在就那么存在着。在萨特的长篇小说《恶心》
中,主人公罗康丹看着赤裸在"那里"(thereness)的一棵栗

树的树根。他反复思考这个树根,分析它可能的用途。他
把树根的含义一层一层地剥掉以后,只剩下一种绝对荒谬
的感觉。这使他觉得恶心。和栗树的树根一样,现象界每
一个对象的存在,都只是在"那里"存在着。所有的事物都
是多余的。任何事物都是偶然的,任何事物都没有原因。
任何事物都是同样的没有意义(meaninglessness)。存在不
过是作为一个可恶的事实在那里存在。

　　人与自在存在的唯一区别是,人还是有意识的主体。
这种有意识的主体性,把我们与顽石草木区分开来。它要
我们对自己的存在负责。顽石草木则不然。

自由与责任

　　在萨特看来,与其说人**有**自由,毋宁说人的存在就**是**自
由。他所理解的自由,包含着道德自律的思想。人并不受
制于客观的规则。任何规则都不能制约他的行为。萨特强
调自律,这是他的无神论思想的必然结果。和海德格尔一
样,萨特也认为,人是被**遗弃**(abandoned)在宇宙之中的。
可以说,随之而来的恐惧感"迫使"人成为自由人。人必须
为自己选择他希望成为的那种人。

　　人的处境正如萨特的剧本《苍蝇》所描述的那样。这出
戏的原型来源于,克莱特奈斯楚杀死了自己的丈夫阿伽门
农,他们的儿子奥瑞斯特斯又杀死了他的母亲克莱特奈斯
楚,为父亲报了仇。得知自己是被母亲遗弃的,奥瑞斯特斯
便杀了他的母亲,这与其说是为父报仇,不如说是为了使自

己的生活更有意义。"……天上没有任何东西,既没有对,也没有错,也不会有人指挥我……因为我是人,所有人都必须为自己寻找出路。"[5]

萨特认为,自由是指道德意义上的自由。自由必然包含令人厌恶的东西。萨特曾经把人描述为"毫无意义的激情"。这一描述指出了人的存在的两个不同方面。首先,人是能感受、有所在乎的一种存在。他有激情。我们常常把激情与某种目的(我们**对**某事有激情)联系在一起。但其次,人的激情"毫无意义"。激情徒劳无益,没有任何作用。我越是认为自己的思想和感情徒劳无益,我的无用感就越明显。

这种无用感是焦虑的源泉,焦虑与自由相关。自由是我存在的伴随物。我"必须"是自由的;我不能没有自由。自由是一种负担,它能压垮人的精神。

我在神学院读书时,一个星期六的晚上,我正要走过匹兹堡的东自由区(East Liberty)。当我路过一家珠宝店时,一个男人从里面跑出来,撞到我身上。我抓住他,免得我们两个都摔倒。就在我还抓着他的时候,他注视着我的目光,老老实实地说:"我投降。"这时,一位妇女追到店外,大声地喊:"抓贼!抓贼!"这个赤手空拳的人,刚刚抢了这家珠宝店。他安静地等着,警察很快赶到,把他拘留起来。第二天,我遇到那天晚上前来拘捕抢劫者的一位警察,我便向他打听我"抓到"的那个人。这个警察说,那个抢珠宝店的人,在抢劫的前一天才从牢里出来。其实,他并不想出来。他犯了新的罪,确保自己又被"逮"着了,这样,他就能重享牢里的那份安全。在牢里,他有一日三餐,有自己的床位。这是一个不敢享受自由的人。他不能忍受伴随自由而来的那种焦虑。他是一个非常典型的"非本真的人"。

萨特认为,某人虽然不能肯定他选择的方向一定正确,但是他不得不继续前进,这会进一步加剧他对自由的恐惧。他绝对不敢保证,他选择的方向是正确的,因为说到底,正确的方向并不存在。

181　　爱丽丝在漫游仙境的过程中,来到一个岔路口,她不知道该走哪条路。她发现,顽皮猫(Cheshire Cat)正在树上冲着她笑。爱丽丝问这只猫:"您能否告诉我,应该走哪条路呢?"

猫回答说:"这主要是看你想去哪儿。"

爱丽丝又说:"我不在乎我要去哪儿。"

猫只好说:"既然这样,那么走哪条路都无所谓。"[6]

美国著名哲学家贝拉(Yogi Berra)曾说:"如果遇到岔路,那就随便走吧!"猫的回答与贝拉的忠告所差无几。

自由的价值是什么? 在没有任何外力帮助的情况下,人注定每时每刻都在自我创造。萨特的原则类似于康德的"金律",即绝对命令:一个人在做出一种选择或决定时,他不仅是在为自己选择,而且是在为所有的人选择。他不仅要对自己负责,而且要对全人类负责。

这似乎、而且很可能确实与萨特关于存在的所有其他讨论相矛盾。现在,个人有责任,而且有能力,决定自己的

本质,以及其他所有人的本质。但是,这会剥夺其他任何人
创造自己本质的自由。在这个问题上,有选择权的个人非
常类似于上帝,因为上帝能够按照自己的意愿,把本质强加
给其他人。

自由与上帝

　　萨特公开说,他并不愿意得出上帝不存在的结论。他
说,他并不喜欢没有上帝保守的未来生活。有些哲学家虽
不承认上帝存在,但是他们认为,真理、诚实、公平、善良等
品质是必不可少的道德准则。萨特对此提出尖锐的批评。
陀思妥耶夫斯基有句名言:"如果上帝不存在,所有的事物
都是允许的。"萨特认为,这是毫无疑问的。

　　萨特提出好几个反对上帝存在的论证,这些论证的主
要思想依据是,人是一个自由的主体,而不只是一个物体。
和他的前辈一样,萨特认为,上帝的观念是创造性意识的产
物。宗教信仰的根源不是人与上帝的交通,或上帝的启示。
毋宁说宗教信仰不过是人类愿望的投射。不安、挫折以及
对无意义的惧怕,不断地威胁人的生活,人们不愿意面对这
种恐惧,于是就出现了宗教。人的生命的每一部分都强烈
反对虚无主义的思想。不堪虚无主义威胁的人,便创造出
一个上帝,以帮助他们克服畏惧心理。

　　萨特认为,上帝的存在与人的自由是两个互相排斥的
范畴。如果上帝存在,人就不可能是自由的。换言之,如果
上帝创造了人的本质,并且决定着人的存在,人就不可能有

182

真正意义上的自由。除非自由是绝对的,否则它就不是真正的自由。任何缺乏自主性的行为,都不是真正的自由行为。"有限自由"的观念是自相矛盾的。

萨特反对上帝,与伊甸园里的蛇对上帝的反对,没有什么不同。在《创世记》里,这条蛇被描述为"比田野一切的活物更狡猾"(创3:1)。他走到夏娃跟前,问了一个颇具煽动性的问题:"上帝岂是真说不许你们吃园中所有树上的果子吗?"(3:1)蛇很清楚,上帝给了亚当和夏娃一定程度的自由。上帝确曾对他们说:"园中各样树上的果子,你可以随意吃。"(2:16)随后他又加了一条:"只是分别善恶树上的果子,你不可吃,因为你吃的日子必定死。"(2:17)

蛇用来诱惑夏娃的那个颇具煽动性的问题意味着,如果存在限制条件专门用来限制人的自由,那么人还是没有真正的自由。这就好比一个小孩,爸爸妈妈"答应"了他的十个要求,却"没有答应"第十一个,他就闹着说:"你们从来不许我做任何事情!"

萨特说得对:人的自主性与上帝观念是不相容的。但问题是:为了获得自由,难道人必须具有完全的自主性吗?

萨特用来反对上帝存在的一个非常有趣而又独特的论证,与人的主体性有关。我们知道,萨特存在主义哲学的大前提是:人是主体,不是客体。萨特认为,如果上帝存在,人的主体性就不能存在。在《存在与虚无》中,萨特用了一小节的篇幅来探讨他所谓的"注视"(the Look)。[7]他描述了人们在成为别人的注视对象时可能发生的事情。在别人注视的目光下,我变成了一个客体。人们可以在博物馆的绘画前,在动物园的猴子面前,停留较长的时间,这是无可厚非的。但是,如果人们在街上见了面,他们相互注视或行注目礼的时间超过了几秒钟,那就是不礼貌。我们把注视理解为一种敌视行为。

萨特还考察了这样一种感觉:他独自坐在巴黎左岸的一个咖啡馆,人们向他投来好奇的目光。(因为他是大名鼎鼎的人物,他无疑经历过这样一些不礼貌的举动:在一些公共场合,人们对他品头论足,争相观看。)这种客体化会导致他所谓的"存在的自我意识"和主体性的毁灭。

密室

在剧本《密室》中萨特发展了这一主题。主人公卡赫森发现自己与另外两个人在一间屋子里。戏将结束时,卡赫森说:

就是这件青铜器。(**若有所思地抚摸着它**。)是的,现在是时候了。我正看着壁炉上的这件东西,我知道,我已经下了地狱。我告诉你们,任何事情都是事先安排好的。他们知道,我会站在壁炉前,摸着这件青铜器,周围的眼睛都盯着我,能把我吃了。(**他突然转过身来**。)什么?只有你们两个?我还以为有很多人,很多很多。(**笑**。)这就是地狱。我绝不会相信它。你们一定还记得,人们对我们讲过的审讯室、地狱的磨难以

184

及"炽热的石灰泥"。纯粹是无稽之谈！烧红了的火钳根本没用。他人就是地狱！[8]

最后一幕的台词是这样的，"他们坐回到各自的沙发中。长时间的沉默。他们的笑声渐渐远去。他们凝视着对方"。[9]

如果他人的注视能够毁灭我们的主体性，那么萨特觉得不可思议的是，假如上帝时刻都在注视着我们，我们该有多么悲惨?! 萨特认为，全知的能力把上帝变成一个宇宙级偷窥者，上帝的关注使所有的人都沦为客体。上帝仿佛一个心怀恶意的偷窥者，喜欢从锁眼里偷看，因此，他总要毁灭人的主体性。既然人是真正的主体，上帝就不可能存在。在上帝的永恒关注之下，我们都会变成客体——本质先于了存在。

圣经里有很多与此相关的记载，有罪的人总想躲藏起来，他们祈求小山把他们挡住，以免上帝看到他们。有罪的人不想让上帝看到他，他想让上帝**忽略**他。但是根据圣经的解释，对得到宽恕的罪人来说，任何福祉都比不上上帝那慈爱的目光。他享受上帝的容光临到他，他希望上帝的脸光照他。

根据荷兰哲学家雷朋（Wilhelmus Luijpen）的解释，萨特认为道德否定了上帝的存在。但是实际上，萨特所谓的道德必然会否定上帝的存在。

185

表 13.1　改变世界的八大哲学家

	生卒年	国籍	社会身份
笛卡尔	1596—1650	法国	
洛克	1632—1704	英国	上诉法官（1689—1704）
休谟	1711—1776	苏格兰	爱丁堡法律图书馆馆长（1752—1763）
康德	1724—1804	德国	柯尼斯堡大学教授（1755—1797）
马克思	1818—1883	德国	伦敦国际工人联合会领袖（1864 后）
克尔凯郭尔	1813—1855	丹麦	
尼采	1844-1900	德国	巴塞尔大学语言学教授（1869—1879）
萨特	1905—1980	法国	巴黎勒阿弗尔中学哲学教员（1931—1945）

第14章　影响深远的思想家
达尔文与弗洛伊德

　　我们所关注的焦点是哲学家,因为他们的思想对西方文化产生了重要影响。我们知道,在这些哲学家当中,许多人也从事科学和数学方面的学术研究。从泰勒斯到柏拉图、亚里士多德、笛卡尔、康德以及其他哲学家,哲学研究与科学理论的关系,一直是他们共同关心的问题。

　　人们通常不会把查尔斯·达尔文与西格蒙德·弗洛伊德看作哲学家,但是,他们发表的那些理论对西方的理论思维产生了深刻影响。达尔文所著《物种起源》(The Origin of Species)[1]的出版,堪与哥白尼的《天体运行论》引发的革命相伯仲。

　　从地心说到日心说的转变尽管是一场大革命,但是与达尔文主义的影响相比,它就逊色了。达尔文的名字已经成为"进化论"一词的同义语,虽然进化论的出现早于达尔文的研究,当时的进化论也不是一个单一而完整的"理论",

而是包含各种细微差别的诸多理论。换言之,进化的思想本身虽然也经历了不同的进化和演变,但是,达尔文的名字仍然居于这个发展过程的中心位置。

人们通常认为,自然科学与历史之间必然有一个连接点。历史不仅研究时间长河中人类的活动,而且研究大自然为这些活动提供的场所。人们对宇宙的起源(宇宙进化论)、宇宙的本质(宇宙论)以及宇宙的年龄的认识,会深刻地影响他们的人类学和神学。达尔文的研究给人类学和神学带来严重危机。

188

达尔文与神学

人类的起源问题成为激烈争论的一个焦点,这是斯科普斯案件(Scopes trial)*的关键问题,也是最近一些论战的关键问题,人们争论公立中小学是否应当开设宗教课程。如果说哥白尼革命在科学与宗教之间挖出一道鸿沟,那么,达尔文革命则把这道鸿沟扩大为一个无法跨越的峡谷。

人类的尊严是这些争论所涉及的一个首要问题。有人认为,如果人类的出现不是由于上帝的智慧和行为,而是由于客观的自然力,那么,人类的尊严问题就具有至关重要的意义。人类现在的尊严与人类的过去和将来,与人类的起

---

* 案件发生在 1925 年,美国田纳西州的高中老师斯科普斯(John T. Scopes)因在课堂上教授进化论被起诉。基要主义者布莱恩(William J. Byran)负责起诉,但在为创造论辩护时节节失利,虽然最终在法律上胜诉,却使基要主义和基督教一时间成了笑柄和愚昧落后的象征。——编者注

源和命运,密不可分。

我们已经在形形色色的虚无主义和悲观的存在主义那里看到,起源问题具有关键意义。有的哲学家经过认真思考,得出如下结论:人不过是一个成熟的生殖细胞。他从黏土偶然而生,并危险地坐在宇宙这台大机器上的一个齿轮(gear)的嵌齿(cog)的边缘,这台机器注定要毁灭。如果我们真的来自非存在(non-being)的深渊,真的会被无情地抛回这个深渊,那么,我们还有什么价值、尊严可言?如果我们的起源和命运毫无意义,我们现在的生活怎么会有任何意义呢?把人的尊严归结为宇宙的这样一个偶然事件,那么,人说得再好也是野蛮成性。这种看法无异于感伤的愿望投射和天真的哲学想象。尼采、萨特一类的哲学家显然坚持这一立场。

189 　　极端进化论对某些人具有很大的吸引力,因为这种理论排除了最高审判者的威胁,否则,在最高审判者面前,他们必须对自己的生活和行为负责。如果极端进化论是正确的,人们就根本不用害怕这个审判者。发展成熟的生殖细胞无须担负任何具有终极意义的道德责任。萨特所谓的"无意义的激情",就是推卸责任的明显标志。简言之,如果我们对自己的生活不担负具有终极意义的责任,那么,我们的生活就没有、也不可能具有任何终极意义。

　　1831 年,达尔文开始环球远航,进行科学观察和实验研究。他随身带着查尔斯·赖尔(Charles Lyell)的著作《地质学原理》(*Principles of Geology*)[2],该书以清晰的语言,捍卫了地质均变论。均变论坚决反对形形色色的灾变论,这就牵涉到一个重大问题:地球的年龄。地质均变论要求,地球必须有漫长的历史,只有这样,它才能说明岩石和土壤、山脉的隆起与沉降等重大变化。

达尔文热情地赞扬赖尔的著作及其对自己思想的影响。航行到塔希提岛(Tahiti)附近时,达尔文提出了环状珊瑚岛的形成理论。他的论证很有说服力。他认为,活珊瑚虫需要阳光,它们不能在一百英尺以下的水中生存,因此,珊瑚层发展为珊瑚岛,必然需要一定的时间;即使发生过灾变,它们也不可能是瞬间形成的。

1859 年,达尔文的《物种起源》面世。该书的写作始于 1839 年,实际上,到 1844 年时书稿已经完成。十五年以后,书稿才得以出版,原因很可能是,他担心书稿的出版会引起公愤。他在该书中提出如下理论:地球上的所有生物体都来自同一种原始物质。所有的生命形式都是从这个根源进化而来的,它们还在不断地进化。这是**宏观进化论**(macro-evolution)的基本思想。它不同于**微观进化论**(micro-evolution),因为微观进化论只探讨一个族群内部的变化与适应过程。

190

达尔文的基本假设

费瑞斯(Timothy Ferris)的《银河系简史》(*Coming of Age in the Milky Way*)一书,引用了达尔文理论的三个基本假设:

假设 1:某一物种的每一个体都各不相同。个体的独特性完全可以通过现在的智人（*Homo sapiens*）这一物种来证实。现在，人们把个体的独特性与遗传密码联系在一起。为了证实某一个体的身份，法庭病理检查（forensic pathology）现在通常使用 DNA 技术，而不使用指纹鉴定技术。

19 世纪的英国特别重视家畜饲养和杂种培植。达尔文的岳父是一个家畜育种家，他感兴趣的一个问题是，如何才能把个体特征（individual characteristic）遗传给下一代。达尔文的祖父伊拉斯谟·达尔文（Erasmus Darwin）写过一本书，书名为《有机生命的法则》（*Zoonomia*）[3]，该书认为，所有的生物体可能是由一个共同的祖先进化而来。

假设 2：所有生物体繁育出来的后代，都会超越自然环境的承受能力。因此，有人认为，自然界（或上帝）也会造成一定程度的浪费或疏漏。在新生的昆虫、动物、鱼等生物中，只有一部分能够活到它们得以繁育后代的时候。即使人类的繁育过程也不例外。母体的卵子在受精时虽然只需一个精子，但是，男人的一次射精就会产生成千上万个精子。为什么要如此浪费呢？（一种较为乐观的解释是，这不是浪费，而是要做到万无一失。为了确保一个卵子受精，999999 个精子都被"浪费"了，这恰恰说明，人类这一物种具有生存和繁育的强大能力。）这就过渡到达尔文的第三个假设，这个假设与"自然选择"的过程有关。

191　　　**假设 3：某一个体可能活到传递其遗传特征的时候，这种或然性会受制于个体之间的差异和环境的压力。**我们将以英国曼彻斯特市附近胡椒蛾的变化来说明这个问题。18
世纪时，人们在这个地区收集到的蛾样本都是浅白色的。
到了 1849 年，人们捉到一只黑蛾。到了 1880 年，黑蛾成为
这个地区同类昆虫的主体。原因何在？是什么改变了蛾的
生态平衡？达尔文没有考察蛾本身的优势或弱势，却研究
了环境的变化过程。曼彻斯特市的工业革命是改变蛾的生
存环境的外部力量。工厂的煤烟染黑了树枝，夺走了蛾本
来具有的保护色，造成了它们数量的下降。然而，披着煤烟
的黑树却给为数不多的黑蛾提供了保护色，于是，它们迅速
繁衍。防止污染的法律实施以后，树上的煤烟逐渐消失，浅
白色蛾的数量开始回升。[4]

达尔文与宏观进化论

这些假设的一大好处是，能被经验证实。根据这些假
设，达尔文能够建立一个非常复杂但影响深远的理论。达
尔文认为，自然选择不仅能够引起物种内部的变化，而且能
够产生新的物种。根据宏观进化论，新物种必然是由别的
物种进化而来。这就是人们激烈辩论的焦点，也是人们惴
惴不安的原因，因为它主张，人类是由野兽进化而来的。

有人认为，我们再也不能把宏观进化论看作一种理论
或假说了，相反，我们应该把它当作毋庸置疑的事实。这反
映了这些理论背后一种近乎宗教的热情，其强烈程度，与反
对这些理论的那种宗教热情难分伯仲。

对进化论来说，还有许多假说有待证实。说到底，生物

物种的起源与其说是一个生物学问题,毋宁说是一个历史学问题。世界上的生物体能够证明变化,这种观点没有任何新意。泰勒斯早已认识到这一点,赫拉克利特也以此为真理。变化与存在的关系问题,与哲学同龄。变化是如何进行的,为什么会发生变化,这些问题已经成为哲学家们的永恒主题。

我们常常听到这样的断言:现代人对生物体的本质的认识已经证明,宏观进化论是正确的。这种观点认为,所有生物体都是由相同的基本实体或"材料"组成的,例如氨基酸、蛋白质等。这个事实说明,所有生物体都是来自同一个根源。但是,根据相同的实体就推论出相同的起源是错误的。相同的实体必然具有相同的起源,这就好比是说,一件事情发生在另一件事情之前,这便证明,前者是后者的原因(这是一种"在此之后"即"因此之故"的错误推论)。

进化论通常认为,包括变异、自然选择等现象在内的所有变化,都是螺旋式上升的不同阶段。这样的"上升"包含着一种目标或目的。这就会涉及目的论证明或设计论证明的基本假设。有设计却没有设计师,仿佛有靶心却没有射手,这是在回避问题的实质。

这些变化理论为什么不说变化是退化(devolutionary)或倒退呢?为什么不干脆说这些变化毫无疑义呢?面对这些问题,我们立刻就能看到,说到底,进化与其说是一个生物学问题,毋宁说是一个哲学问题。

弗洛伊德论文化与宗教

还有一位思想家,他虽然不是哲学家,却对现代文化产生了重大影响,他就是西格蒙特·弗洛伊德。他通常被认为是精神分析学的始祖。1856 年,弗洛伊德出生于奥地利。1881 年,他在维也纳获得医学博士学位。1885 年,他师从让·马丁·夏尔科(Jean Martin Charcot)在巴黎研究神经病学。纳粹上台后,弗洛伊德逃往英国,1939 年在英国逝世。

弗洛伊德不仅是心理学界名人,而且对人类学具有浓厚兴趣。1913 年他写了《图腾与禁忌》(*Totem and Taboo*)[5]一书,该书探讨了图腾宗教的起源。1923 年以后,他越来越关注文化研究。在这个时期,他写了两部非常重要的著作:《幻象之未来》(*The Future of an Illusion*,1927)和《文化及其缺陷》(*Civilization and Its Discontents*,1929)。[6]

在分析人类文化时,弗洛伊德提出一个重要理论:每一个体都是文化的敌人。虽然离开其他人,个体几乎无法生存,但他们同时却发现,使文化和社会生活成为可能的自我牺牲(personal sacrifices)是一个沉重的负担。

弗洛伊德说,文化是拥有控制权或强制力的少数人强加到多数人头上的。强制是必不可少的环节,因为人类具有如下两个基本特征:(1)人天生不喜欢劳动,(2)人的情感常常胜过理智。

文化往往会夸耀他们的领袖,认为自己的习俗高于其他文化的习俗。在同一种文化内部,占优势的阶级会对自己的地位产生一种自我陶醉式的满足感。但是,被压迫的

193

阶级也会感到满足,因为他们可以蔑视那些处于他们文化之外或"之下"的人。

文化和文明中最有力的因素也许是宗教,它能够有力地促进文化禁忌的内在化。

这里,弗洛伊德试图解释宗教的起源。在 19 世纪末 20 世纪初,无神论的注意力集中到这样一个令人困惑的问题上:如果上帝不存在,为什么人类很像是宗教性的存在者(religious beings/*Homo Religiosus*)呢?哪里有社会,哪里就有宗教的因素。人性中仿佛存在一种天生的难以置信的宗教倾向。

宗教具有普遍性,对这种现象的最常见的解释是,宗教起源于一种根深蒂固的心理需求或愿望投射。我们还记得马克思的结论,他说,资产阶级利用宗教来控制无产阶级。宗教是资产阶级用来毒化和驯化工人阶级的鸦片。人们鼓励美国的非洲黑奴唱《甜蜜小车》(Swing Low, Sweet Chariot)。人们告诉他,来世他会进入幸福的天堂,永享自由与欢乐;但是,要想得到这种回报,今生他就必须忍耐、顺从。

费尔巴哈和尼采都提出过类似的理论。但是,弗洛伊德对宗教心理的探讨更彻底、更全面。他认为,文化之所以存在,主要是为了保护我们,让我们免受自然的侵害。大自然表现出来的某些方面,似乎是在嘲笑人类的控制力。地震使得大地沉陷,建筑物化为废墟。洪水势不可挡,吞噬了无数生命。可怕的疾病造成无边的痛苦和灾难。还有一个最大的敌人,弗洛伊德称之为"可怕的死亡之谜",医学对此仍然束手无策。

弗洛伊德说,为了抵御自然力,人们不得不把这些力量位格化。没有位格的自然力冷若冰霜,人们不可能满怀信心地接近它们。人们怎么能向一场台风求情,让它不要刮了呢? 谁能和癌症谈判呢? 我们怎么能向地震求情,与洪水理论呢?

但是,我们却有与威胁过我们的人打交道的经验。面对这些人,我们有几种选择:要么阿谀奉承,甘拜下风;要么化敌为友,极尽谄媚之能事,取悦于人;要么唤起其同情心,恳求善待;要么献以金银财宝,绥养各方。

为了逃避自然的惩罚,第一步便是**位格化**(personalize)自然。如果把我们的感情赋予自然力,我们就能够有效地保护自己。

第二步是**神化**(sacralize)自然。位格化的自然力成为宗教信仰的对象。用进化论的术语说,这是一个由简单到复杂的过程。像生物体那样,宗教也经历了一个由简单到复杂的发展过程。

19 世纪的许多学者认为,宗教经历了由万物有灵论到多神论(存在许多神),再到择一神论(henotheism,存在许多神,但只有一个最高的神),最后到一神论(只有一个上帝)的发展过程。在弗洛伊德看来,万物有灵论是宗教发展的最初阶段。这是最简单、最原始的宗教。万物有灵论选择岩石、树木、图腾柱、风暴等无生命物,赋予它们一些有生命

195

的灵内驻于它们中间,就是使它们"获得灵性"。现代人对仍然相信万物有灵论的原始部落进行过研究,这些研究表明,被认为内在于这些事物的灵,几乎总是心怀恶意,从未有过善良的灵。要想使这些邪恶的灵不再作恶,人们就必须安抚它们。

宗教最后发展成为一种复杂的一神论,一神论认为,只有一位善良的上帝。我们与这位善良的上帝有一种父子(父女)关系。上帝于是成为一位独立的位格,我们称之为"圣父",我们对他怀有一种孩童般的亲密感与依赖感。

弗洛伊德说,宗教有三种作用:(1)驱除人们对自然的恐惧;(2)让我们心甘情愿地接受残酷的命运;(3)对文化强加于我们的那些苦难和匮乏进行补偿。

弗洛伊德认为,文化强加于我们的最严重的匮乏之一是,我们不能自由地表达我们的性欲。社会强行建立的习俗和法律,成为人们的禁忌。结果,人类的性生活遭到严重摧残。具有性能力的成年人必须在异性面前限制自己。多余的性满足被看成是性变态,遭到社会谴责。文化只允许单一的性生活,全然忽视了差异性,许多人被剥夺了享受性生活的权利。文化提倡一夫一妻制的性生活,宗教赞成这种习俗,这进一步加剧了人的异化。弗洛伊德认为,所有这些都是严重的社会不公的根源。

弗洛伊德实际上主张性革命,他已预见到这场革命的到来,虽然他未能亲历这场革命。

弗洛伊德与负罪感

有利于宗教发展的,还有一种负罪感,这种感觉与作为父亲的上帝这一形象有关。在《图腾与禁忌》和《文化及其缺陷》两本书中,弗洛伊德提出这样一种假说:原始部落时期,父亲-首领(father-chief)与其儿子们进行过一场斗争。这场斗争以儿子们杀死其父而告终。弑父事件使儿子们的良知饱受折磨,只有通过神圣化他们父亲的形象,并崇拜这一形象,他们才能减轻良知的痛苦。对自然的恐惧以及对父亲的负罪感,是弗洛伊德解释宗教信仰和宗教实践的两个基础。

弗洛伊德的基本观点是,因为害怕自然力,所以人们创立了宗教。为了减轻恐惧感,他们便把自然位格化了。后来,他们又把自然力神圣化了。然而,自然力从未具有圣洁的位格。圣经认为,对人的灵魂来说,还有比自然界非位格的力量更可怕、更具伤害性的事。如果大自然没有位格,也不圣洁,我们只须害怕其力量。如果上帝既有位格,又圣洁,我们就必须既害怕其力量,又害怕其审判。

用圣经的术语说,宗教的最终目的是拯救——脱离上帝的愤怒。我们不是免于地震或风暴的惩罚,而是免于上帝的惩罚。他才是最可怕的现实,因为他是上帝,而我们不是。(如果我们创造上帝,只是为了把一种威胁力从自然界转移出去,那么,我们为什么要创造一种远比自然本身更为可怕的威胁力呢?)

马可讲过这样一个故事(可 4:35—41)。有一天,耶稣

197

及其门徒乘船在加利利海上航行。突然刮起了大风，滔天巨浪砸向小船，船眼看就要倾覆了。众门徒开始害怕了，可是，耶稣却在船尾酣睡。门徒立刻唤醒他："夫子，我们丧命，你不顾吗？"

耶稣站起身来，冲着狂风和大海说："住了吧！静了吧！"狂风顿时止息，甚至没有一丝涟漪，湖面仿佛一面镜子。

众门徒作何反应呢？他们害怕极了。他们的恐惧感加深了，变得更害怕了，而不是相反。现在，使他们感到害怕的是耶稣。他们惊讶地问道："这到底是谁？"（可 4:41）他们产生了陌生人恐惧症——害怕陌生人或外国人。一个人竟能指挥大海和狂风，对他们来说，再没有比这更能使他们感到惊异的了。站在他们面前的，是一个最让人惊异的陌生人，一个超自然的存在者，这就是以色列的上帝。人和魔鬼一认出他，就会逃之夭夭。

负罪感使人逃避上帝。弗洛伊德的理论旨在尽可能地逃避自己的负罪感。他知道，要想逃避负罪感，就必须首先逃避上帝。现代人的很多思想都是试图逃避这个无法逃避的存在者。

结语　吉尔松的选择

　　在我们步入 21 世纪的时候,理论思维领域仍是危机四伏。和以往的怀疑主义时期一样,我们的世界正在等待形而上学的援救。我们希望,通过形而上学的新的综合,我们能够克服康德的不可知论。和古代以色列人一样,我们站在密夺(Migdol)和海中间。我们的后面是法老的战车,前面是显然无法穿越的红海。我们需要摩西振臂一呼。我们需要上帝为我们提供一个陆路通道,让我们穿越大海。

　　这本书为读者简要地介绍了西方思想史上的主要思想。我是做了一番选择的,但是,读者完全有理由说,该选的哲学家没选上,不该选的却选上了。

　　例如,本书没有阐述约翰·杜威(John Dewey,1859—1952)的思想,也没有介绍查尔斯·皮尔斯(Charles Peirce)、威廉·詹姆斯(William James)等实用主义的主要人物。我们知道,实用主义是美国土生土长的唯一的哲学思潮。哈佛大学的哈维·考克斯（Harvey Cox）在其影响很大的著作《世俗之城》（*The Secular City*）[1]中说，实用主义塑造了美国文化。实用主义宣称，只有当理论能够在实践中"取得成效"时，它才成其为正确理论。实用主义就是以这种方式，"成功地"解决了形而上学的难题。

²⁰⁰

实用主义的胜利

在推行实用主义思想的过程中，杜威成功地改革了我们公立学校的办学体制。他贬低认识论，认为这是一个伪问题，纯粹是浪费时间。无论笛卡尔的"天赋"观念，还是洛克的白板说，他一概加以排斥。他不承认，这些思想竟然称得上是问题。杜威强烈的反智主义倾向，大大加剧了公共教育的盲目性。阿兰·布鲁姆（Allan Bloom）写过一本名为《美国思想的终结》（*The Closing of the American Mind*）的书，该书记录了现代思想反对客观真理以及现代大学献媚于相对主义的过程。[2]我们真不明白，为什么杜威就不会看书、写作、思考、祷告呢？教育制度一开始就回避认识论问题，我们能够寄予这种体制什么样的希望呢？逻辑、修辞、语法三学科高等教育模式，奠定了算术、几何、天文、音乐四学科教育模式的基础。可惜，这种曾经培养出许多名垂青史的思想巨人的传统教育法，已经成为历史。多萝茜·塞耶斯（Dorothy Sayers）40年代出版的《失落的学艺》（*The Lost Tools of Learning*）[3]探讨了这一问题。

难怪在美国有二百多万个家庭从事艰苦的在家教育，

还有大批学生离开公立学校转入私立学校（有些家长还纷纷要求建立学校教育保障机制）。道格拉斯·威尔森（Douglas Wilson）的著作《重获失落的学艺》(*Recovering the Lost Tools of Learning*：*An Approach to Distinctively Christian Education*)[4] 出版后，一批有传统特色的基督教学校已然建立。

我亲身经历的公共教育危机发生在 60 年代，当时，我们的第一个孩子，也就是我们的女儿，正上一年级。我们给她在波士顿郊外的一个很有名的"进步"学校报了名。她每天放学回家以后，我总要问她，在学校做什么了。和别的孩子一样，她木然地呐呐低声回应我。过了几个星期，学校召开了一次家长会，校长要在会上介绍该校的教育理念。我怀着迫切的心情，参加了这次会议。

校长介绍了学生们每天的课程。他仪表堂堂，口齿伶俐。他说，"如果孩子回到家，对您说，他们还在课堂上玩拼图游戏，请您不要吃惊。他们不只是在'玩'。每天上午九点到九点十七分，他们都要做拼图游戏。这是由儿科的神经外科专家设计的，有利于左手手指运动肌肉发展的一种活动。"然后，他介绍了一天当中每一个时段的活动内容，以此来说明，所有时段的活动都有一定的目的。他的精彩演讲征服了听众，因为他详细而深入地解释了课程表上的每一个细节。

介绍完毕，他随口说："谁还有问题？"听众不禁哄堂大笑。校长的介绍如此全面而深刻，只有傻瓜才会提问。

201

我不怕别人鄙视我,便举了手。校长点到我时,我说:"先生,您的详细分析给我留下了深刻的印象。您讲得很清楚,您所做的任何事情都是有目的的。可是,一天之内的时间有限,因此,您必须有选择地确定您希望实现的具体目的。我的问题是,您选择您已经确定的那些目标的理由是什么?在确定您已经选择的那些目标时,您的最终目标是什么?换句话说,您希望培养出什么样的孩子?为什么要培养这样的孩子?"

校长的脸顿时煞白,一会儿又变得通红。但是,他没有爆发,而是态度谦和地说:"我不知道。没有人向我提出过这样的问题。"

我回答说:"先生,我很欣赏您的直率和勇气。可是,说真的,您的回答令我吃惊。"

我在这次家长会上所听到的,是彻头彻尾的实用主义。竟然有无目的的目的,非真理的真理。根本没有任何标准来确定,什么是最具实用意义的。于是,我想到了耶稣的教诲:"人若赚得全世界,却赔上自己的生命,有什么益处呢?"(太 16:26)耶稣也很务实。他的意思是,任何近期成就的实际意义,终究取决于某个最高标准,这个标准是衡量任何有用结果的最高准则。

我们也省略了对逻辑实证主义和语言分析学派的讨论,但是它们对 20 世纪却有着举足轻重的影响。我们目睹了逻辑实证主义的衰落,因为它的主要准则,即证实原则,不攻自破。证实原则声称,只有经验能够证实的命题,才是有意义的命题。可是,我们知道,这个证实原则本身是不可能被经验证实的,因此,这也是一个无意义的命题。

逻辑实证主义让位于语言分析。看来,哲学的唯一价值就在于探求语言的意义和功能。路德维希·维特根斯坦(Ludwig Wittgenstein)的《逻辑哲学论》(*Tractatus Logico-philosophicus*,1921)[5]是这个哲学流派的分水岭。语言分析明显加深了我们对语言——专业语言和日常语言——的功能的理解。可惜的是,它把理论思维局限在一个狭窄的范围之内,把自古以来形而上学家们所追问的一些终极问题排除在外。从某种意义上说,语言分析的兴起,仿佛一面舞动着的白旗,昭示了哲学形而上学的失败。

重建形而上学

柏格森(Henri-Louis Bergson)、怀特海(Alfred North Whitehead)等思想家已经致力于重建形而上学的重大尝试。为了解决存在与变化的古老难题,过程哲学及其孪生兄弟过程神学,建立了一个具有双重意义的神(deity),神本身既是存在,**也**是变化,神摇摆于二者之间。

我们知道,思想是会产生结果的。这些结果有时激进而剧烈,例如马克思主义和存在主义。自从康德提出怀疑论以来,我们一直在"等待戈多",自然主义禁止这样的试验,却又拒绝向超自然的上帝敞开大门。

对形形色色的自然主义心怀不满的思想家们,竭力恢复与超自然者的联系。从怀疑主义式的信仰主义(fideism)

203

及其宣称的信仰的飞跃,到非理性主义的神秘主义、神秘学（occultism）以及新纪元运动的方法,都是他们所使用的方法。吉尔松（Étienne Gilson）认为,"基督徒心目中的那位活生生的上帝,已经被哲学肢解了",现代哲学中的那些上帝,"不过是这个肢解过程的副产品"。

吉尔松认为,今天,我们不是要在康德与笛卡尔、黑格尔与克尔凯郭尔之间进行选择。相反,我们必须在康德和阿奎那之间进行选择。吉尔松坚持认为,所有其他立场不过是通往绝对的宗教不可知论或基督教形而上学的自然神学这两大目的地的中途客栈。

我已步入人生暮年,我深信,吉尔松的话基本上是对的。我们必须再进行一次传统的综合,使自然神学将圣经的特殊启示和大自然的一般启示联系起来。这样的重建将结束科学与神学的论战。有思维能力的人可以拥抱自然,却不必拥抱自然主义。所有的生命,在其统一性与多样性之中,都能活在上帝面前（coram Deo）——降服于上帝的权威,为了上帝的荣耀而活。

注 释

前言 为什么要学哲学?

1. Roger Scruton, *From Descartes to Wittgenstein: A Short History of Modern Philosophy* (Boston: Routledge and Kegan Paul, 1981); Gordon Clark, *Thales to Dewey: A History of Philosophy* (Boston: Houghton Mifflin, 1957); and Samuel Stumpf, *Socrates to Sartre: A History of Philosophy* (New York: McGraw-Hill, 1966).

第 1 章 早期哲人

1. Carl Sagan, *Cosmos* (New York: Random, 1980).

第 2 章 作为实在论者与观念论者的柏拉图

1. Plato, *Dialogues*, eds. Eric H. Warmington and Philip Rouse, Mentor (New York: Penguin, 1956).

2. Plato, *The Republic*, trans. Robin Waterfield, Oxford World's Classics (New York: Oxford University Press, 1998).

3. Plato, *Phaedo*, trans. David Gallop, Oxford World's Classics (New York: Oxford University Press, 1999).

4. Plato, *Meno*, in *Protagoras and Meno*, trans. and ed. W. K. C. Guthrie, Penguin Classics (New York: Penguin, 1957).

第 3 章　"大哲学家"亚里士多德

1. Aristotle, *The Nicomachean Ethics*, trans. and ed. David Ross, rev. J. R. Ackrill and J. O. Urmson, Oxford World's Classics (New York: Oxford University Press, 1998).

2. Will Durant, *The Story of Philosophy: The Lives and Opinions of the Greater Philosophers* (New York: Simon and Schuster, 1926), 82. 作为素材,Durant 引述了亚里士多德以下著作: *Metaphysics*, 12. 8; *The Nicomachean-Ethics*, 10. 8。

第 4 章　恩典博士奥古斯丁

1. Samuel Stumpf, *Socrates to Sartre: A History of Philosophy* (New York: McGraw-Hill, 1966), 121.

2. Augustine, *Confessions*, trans. and ed. Henry Chadwick, Oxford World's Classics (New York: Oxford University Press, 1998); *The City of God*, ed. David Knowles, trans. Henry Bettenson, Penguin Classics (New York: Penguin, 1984).

206　第 5 章　天使博士托马斯·阿奎那

1. Thomas Aquinas, *Summa Theologica*, 5 vols. (Allen, Tex.: Christian Classics, 1981).

2. 参见 R. C. Sproul, *Not a Chance: The Myth of Chance in Modern Science and Cosmology* (Grand Rapids, Mich.: Baker, 1994)。

第 6 章　近代理性主义之父勒内·笛卡尔

1. Ptolemy, *The Almagest*, trans. ed. G. J. Toomer (New York: Springer-Verlag, 1984).

2. Nicolaus Copernicus, *On the Revolution of Heavenly Spheres*, trans. Charles G. Wallis, Great Minds Science Series (Amherst, N. Y.: Prometheus, 1995).

3. René Descartes, *Discourse on Method*, in *Discourse on Method and The Meditations*, trans. and ed. F. E. Sutcliffe, Penguin Classics (New

York: Penguin, 1968).

4. René Descartes, *Rules for the Direction of the Mind*, 选自 *Discourse on Method and Related Writings*, trans. and ed. Desmomd M. Clarke, Penguin Classics (New York: Penguin, 1999).

第 7 章 近代经验主义之父约翰·洛克

1. Voltaire, *Candide: or Optimism*, trans. John Butt, ed. E. V. Rieu, Penguin Classics (Baltimore: Penguin, 1947).

2. John Locke, *An Essay Concerning Human Understanding*, ed. Alexander Campbell Fraser, 2 vols. (New York: Dover, 1959).

3. John Locke, *Two Treatises of [Civil] Government*, ed. Peter Laslett, Student ed. Cambridge Texts in the History of Political Thought, eds. Raymond Geuss and Quentin Skinner (Cambridge: Cambridge University Press, 1988).

第 8 章 怀疑论者大卫·休谟

1. David Hume, *A Treatise of Human Nature*, ed. Ernest C. Mossner, Penguin Classics (New York: Penguin, 1986).

2. David Hume, *Essays Moral and Political*, in *Essays Moral, Political and Literary*, ed. Eugene F. Miller, rev. ed., Liberty Classics Series (Indianapolis: Liberty Fund, 1987).

3. David Hume, *An Enquiry Concerning Human Understanding*, Great Books in Philosophy (Amherst, N. Y.: Prometheus, 1988).

4. David Hume, *Dialogues Concerning Natural Religion*, ed. J. C. A. Gaskin, Oxford World's Classics (New York: Oxford University Press, 1998).

第 9 章 革命性哲学家伊曼努尔·康德

1. Immanuel Kant, *Critique of Pure Reason*, trans. J. M. Meiklejohn, Great Books in Philosophy (Amherst, N. Y.: Prometheus, 1990).

2. 参见 R. C. Sproul, *Not a Chance: The Myth of Chance in Modern Science and Cosmology* (Grand Rapids, Mich.: Baker, 1994)。 207

第 11 章　丹麦的牛虻索伦·克尔凯郭尔

1. Jean-Paul Sartre, *Being and Nothingness*: *An Essay on Phenomeno-logical Ontology*, trans. Hazel E. Barnes (New York: Philosophical Library, 1956).

2. Jean-Paul Sartre, *No Exit*, in *"No Exit" and Three Other Plays*, trans. Stuart Gilbert (New York: New Directions, 1989).

3. Søren Kierkegaard, *Either/Or*, ed. and trans. Howard V. Hong and Edna H. Hong, 2vols. (Princeton, N. J.: Princeton University Press, 1987).

4. Søren Kierkegaard, *Fear and Trembling*, trans. Alastair Hannay, Penguin Classics (New York: Penguin, 1986).

5. Ibid. , 54.

6. Søren Kierkegaard, *Attack upon "Christendom"*, trans. and ed. Walter Lowrie (Princeton, N. J.: Princeton University Press, 1968).

7. Søren Kierkegaard, *Concluding Unscientific Postscript to "Philoso-phical Fragments"*, ed. and trans. Howard V. Hong and Edna. H. Hong, vol. 1, *Text* (Princeton, N. J.: Princeton University Press, 1992).

8. Ibid. , 203.

9. Emil Brunner, *Truth as Encounter*, 2d ed. , Preacher's Library (London: SCM, 1964). 德文版书名是 *Wahrheit als Begegnung*。

第 12 章　无神论存在主义者弗里德里希·尼采

1. Friedrich Nietzsche, *Thus Spake Zarathustra*, trans. and ed. R. J. Hollingdale, Penguin Classics (New York: Penguin, 1961).

第 13 章　作为文学家与哲学家的让-保罗·萨特

1. Martin Heidegger, *Being and Time*: *A Translation of "Sein und Zeit"*, trans. Joan Stambaugh, SUNY Series in Contemporary Continental Philosophy (Albany, N. Y.: State University of New York Press, 1996).

2. Jean-Paul Sartre, *Nausea*, trans. Lloyd Alexander (New York: New Directions), 1959.

3. Jean-Paul Sartre, *"No Exit" and Three Other Plays*, trans. Stuart Gilbert (New York: New Directions, 1989).

4. Jean-Paul Sartre, *Being and Nothingness*: *An Essay on Phenomeno-*

logical Ontology, trans. Hazel E. Barnes（New York：Philosophical Library，1956）.

5. Sartre，*The Flies*，118 – 119（Act 3）.

6. Lewis Carroll，*Alice's Adventures in Wonderland*，in *The Annotated Alice*：*"Alice's Adventures in Wonderland" and "Through the Looking Glasses"*，ed. Martin Gardner（New York：Bramhall House，1960），88.

7. Sartre，*Being and Nothingness*，252 – 302.

8. Sartre，*No Exit*，45.   208

9. Ibid. ，46.

第 14 章　影响深远的思想家达尔文与弗洛伊德

1. Charles Darwin，*The Origin of Species*，ed. Gillian Beer，Oxford World's Classics（New York：Oxford University Press，1998）.

2. Charles Lyell，*Principles of Geology*，3 vols.（1832；reprint New York：Cramer，1970）.

3. Erasmus Darwin，*Zoonomia*；*or*，*The Laws of Organic Life*，2 vols.（Philadelphia：Dobson，1797）.

4. Timothy Ferris，*Coming of Age in the Milky Way*（New York：Morrow，1988），236 – 238.

5. Sigmund Freud，*Totem and Taboo*，trans. James Strachey（Scranton，Pa. ：Norton，1990）.

6. Sigmund Freud，*The Future of an Illusion*，ed. James Strachey（Scranton，Pa. ：Norton，1989）；Sigmund Freud，*Civilization and Its Discontents*，ed. James Strachey（Scranton，Pa. ：Norton，1989）.

结语　吉尔松的选择

1. Harvey Cox，*The Secular City*：*Secularization and Urbanization in Theological Perspective*（New York：Macmillan，1965）.

2. Allan Broom，*The Closing of the American Mind*（New York：Simon and Schuster，1987）.

3. Dorothy Sayers，*The Lost Tools of Learning*：*Paper Read at a Vacation Course in Education*，*Oxford*，1947（London：Methuen，1948）；reprinted in Anne Husted Burleigh，ed. *Education in a Free Society*

（Indianapolis： Liberty Fund， 1973）， 145 − 167.

4. Douglas Wilson， *Recovering the Lost Tools of Learning*： *An Approach to Distinctively Christian Education* （Wheaton， Ill. ： Crossway， 1991）.

5. Ludwig Wittgenstein， *Tractatus Logico-philosophicus* （New York： Brace， 1922）.

推荐书目

以下所列书目,均为本书提到的一些哲学经典著作。每一书目名下至少附有一个较为便宜的版本。关于 Penguin Classics 的信息,读者可登录以下网站:

www. penguinclassics. com

关于 Oxford World's Classics 的最新信息,读者可登录以下网站:

www. worldsclassics. co. uk

关于 the Great Books in Philosophy series 和 the Great Minds series 的有关信息,读者可登录以下网站:

www. prometheusbooks. com

以下书目还包括学术界公认的百科全书的有关部分、哲学史以及福音派哲学家所撰写的著作。所有这些著作都能帮助读者更好地理解本书讨论过的那些哲学家。*Thales to Dewey*:*A History of Philosophy* 的作者克拉克(Gordon H. Clark)是新教思想家,他的学术研究领域是哲学。

Aristotle

Aristotle. *The Nocomachean Ethics*. (1) Translated and introduced by David Ross. Translation revised by J. R. Ackrill and J. O. Urmson. Oxford World's Classics. New York: Oxford University, 1998. (2) Great Books in Philosophy. Amherst, N. Y. : Prometheus, n. d.

Clark, Gordon H. *Thales to Dewey: A History of Philosophy*. Boston: Houghton Mifflin, 1957. Reprinted ed. Hobbs, N. M.: Trinity Foundation, 1997. 96 – 144.

Copleston, Frederick, S. J. *A History of Philosophy*. 9 vols. Westminster, Md.: Newman, 1946 – 1975. Reprinted ed. Image Books. New York: Doubleday, 1993. 1:266 – 378.

Irwin, T. H. "Aristotle." In Edward Craig, ed. *Routledge Encyclopedia of Philosophy*. 10 vols. New York: Routledge, 1998. 1:414 – 435.

Kerferd, G. B. "Aristotle." In Paul Edwards, ed. *The Encyclopedia of Philosophy*. 8 vols. New York: Macmillan, 1967. 1:151 – 162.

Stumpf, Samuel. *Socrates to Sartre: A History of Philosophy*. New York: McGraw-Hill, 1966. 85 – 115.

Augustine

Augustine. *The City of God*. Edited by David Knowles. Translated by Henry Bettenson. Penguin Classics. New York: Penguin, 1984.

——. *Confessions*. (1) Translated and edited by Henry Chadwick. Oxford World's Classics. New York: Oxford University, 1998. (2) Translated and introduced by R. S. Pine-Coffin. Penguin Classics. Edited by Betty Radice. New York: Penguin, 1961.

Clark, Gordon H. *Thales to Dewey: A History of Philosophy*. Boston: Houghton Mifflin, 1957. Reprinted ed. Hobbs, N. M.: Trinity Foundation, 1997. 218 – 246.

Copleston, Frederick, S. J. *A History of Philosophy*. 9 vols. Westminster, Md.: Newman, 1946 – 1975. Reprinted ed. Image Books. New York: Doubleday, 1993. 2:40 – 90.

Garcia, Janet, ed. *Christian History* 6, 3(1987). 第 15 期完全用于讨论奥古斯丁。

Geisler, Norman. *What Augustine Says*. Grand Rapids, Mich.: Baker, 1982.

210

Markus, R. A. "Augustine, St. " In Paul Edwards, ed. *The Encyclopedia of Philosophy*. 8 vols. New York: Macmillan, 1967. 1:198 – 207.

Matthews, Gareth B. "Augustine of Hippo. " In Edward Craig, ed. *Routledge Encyclopedia of Philosophy*. 10 vols. New York: Routledge, 1998. 1: 541 – 559.

Sproul, R.C. , Jr. *Table Talk* (June 1996). 本期杂志刊有数篇讨论奥古斯丁的文章。

Stumpf, Samuel. *Socrates to Sartre: A History of Philosophy*. New York: McGraw-Hill, 1966. 141 – 159.

Charles Darwin

Darwin, Charles. *The Origin of Species*. (1) Edited by Gillian Beer. Oxford World's Classics. New York: Oxford University, 1998. (2) Great Minds Series. Amherst, N. Y. : Prometheus, 1991. (3) Edited by J. W. Burrow. Penguin Classics. New York: Penguin, 1982.

"Darwin, Charles Robert. " In John Daintith et al. *Biographical Ency-clopedia of Scientists*, 2d ed. Philadelphia: Institute of Physics, 1994. 1:203 – 204.

de Beer, Gavin. "Darwin, Charles Robert. " In Charles Coulston Gillispie, ed. *Dictionary of Scientific Biography*. 16 vols. New York: Scribner, 1970 – 1980.

René Descartes

Clark, Gordon H. *Thales to Dewey: A History of Philosophy*. Boston: Houghton Mifflin, 1957. Reprinted ed. Hobbs, N. M. : Trinity Foundation, 1997. 308 – 324.

Copleston, Frederick, S. J. *A History of Philosophy*. 9 vols. Westminster, Md. : Newman, 1946 – 1975. Reprinted ed. Image Books. New York: Doubleday, 1993. 4:63 – 152.

Descartes, René. *Discourse on Method and The Meditations*. (1) Translated and introduced by F. E. Sutcliffe. Penguin Classics. New York: Penguin, 1968. (2) Great Books in Philosophy. Amherst, N. Y. :

211

Prometheus, n. d.

——. *Rules for the Direction of the Mind*. Extracts in *Discourse on Method and Related Writings*. Translated and introduced by Desmomd M. Clarke. Penguin Classics. New York: Penguin,1999.

Garber, Daniel. "Descartes, René." In Edward Craig, ed. *Routledge Encyclopedia of Philosophy*. 10 vols. New York: Routledge, 1998. 3:1-19.

Scruton, Roger. *From Descartes to Wittgenstein: A Short History of Modern Philosophy*. Boston: Routledge & Kegan Paul, 1981. 29-39.

Stumpf, Samuel. *Socrates to Sartre: A History of Philosophy*. New York: McGraw-Hill, 1966. 249-261.

Williams, Bernard. "Descartes, René." In Paul Edwards, ed. *The Encyclopedia of Philosophy*. 8 vols. New York: Macmillan, 1967. 2:344-354.

Sigmund Freud

Freud, Sigmund. *Civilization and Its Discontents*, ed. James Strachey. Scranton, Pa. : Norton, 1989.

——. *The Future of an Illusion*, ed. James Strachey. Scranton, Pa. : Norton, 1989.

——. *Totem and Taboo*, translated by James Strachey. Scranton, Pa. : Norton, 1990.

"Freud, Sigmund." In Susan Gale, ed. *The Gale Encyclopedia of Psychology*. Detroit: Gale, 1996. 156-158.

Pelzer, K. E. "Freud, Sigmund." In H. J. Eysenck, Wilhelm Arnold, and Richard Meili, eds. *Encyclopedia of Psychology*. 3 vols. London: Search, 1972. 1:388.

Wallace, E. R. , IV. "Freud, Sigmund." In David G. Benner and Peter C. Hill, eds. *Baker Encyclopedia of Psychology and Counseling*. 2d ed. Grand Rapids, Mich. : Baker, 1999. 473-476.

David Hume

Baier, Annette. "Hume, David." In Edward Craig, ed. *Routledge Encyclopedia of Philosophy*. 10 vols. New York: Routledge, 1998.

4:543 – 562.

Clark, Gordon H. *Thales to Dewey: A History of Philosophy*. Boston: Houghton Mifflin, 1957. Reprinted ed. Hobbs, N. M. : Trinity Foundation, 1997. 381 – 394.

Copleston, Frederick, S. J. *A History of Philosophy*. 9 vols. Westminster, Md. : Newman, 1946 – 1975. Reprinted ed. Image Books. New York: Doubleday, 1993. 5:258 – 353.

Hume, David. *Dialogues Concerning Natural Religion*. (1) Edited by J. C. A. Gaskin. Oxford World's Classics. New York: Oxford University Press, 1998. (2) Edited by Martin Bell. Penguin Classics. New York: Penguin, 1990. (3) Great Books in Philosophy. Amherst, N. Y. : Prometheus, n. d.

———. *An Enquiry Concerning Human Understanding*. Great Books in Philosophy. Amherst, N. Y. : Prometheus, 1988.

———. *Essays Moral, Political and Literary*. Edited by Eugene F. Miller. Rev. ed. Liberty Classics Series. Indianapolis: Liberty Fund, 1987.

———. *A Treatise of Human Nature*. (1) Edited by Ernest C. Mossner. Penguin Classics. New York: Penguin, 1986. (2) Great Books in Philosophy. Amherst, N. Y. : Prometheus, n. d.

MacNabb, D. G. C. "Hume, David. " In Paul Edwards, ed. *The Encyclopedia of Philosophy*. 8 vols. New York: Macmillan, 1967. 4:74 – 90.

Scruton, Roger. *From Descartes to Wittgenstein: A Short History of Modern Philosophy*. Boston: Routledge and Kegan Paul, 1981. 120 – 133.

Stumpf, Samuel. *Socrates to Sartre: A History of Philosophy*. New York: McGraw-Hill, 1966. 296 – 303.

Immanuel Kant

Clark, Gordon H. *Thales to Dewey: A History of Philosophy*. Boston: Houghton Mifflin, 1957. Reprinted ed. Hobbs, N. M. : Trinity Foundation, 1997. 395 – 433.

Copleston, Frederick, S. J. *A History of Philosophy*. 9 vols. Westminster, Md. : Newman, 1946 – 1975. Reprinted ed. Image Books. New York: Doubleday, 1993. 6:180 – 392.

Guyer, Paul. "Kant, Immanuel." In Edward Craig, ed. *Routledge Encyclopedia of Philosophy*. 10 vols. New York: Routledge, 1998. 5:177 - 200.

Kant, Immanuel. *Critique of Pure Reason*. Translated by J. M. Meiklejohn. Great Books in Philosophy. Amherst, N. Y. : Prometheus, 1990.

Scruton, Roger. *From Descartes to Wittgenstein: A Short History of Modern Philosophy*. Boston: Routledge and Kegan Paul, 1981. 137 - 180.

Stumpf, Samuel. *Socrates to Sartre: A History of Philosophy*. New York: McGraw-Hill, 1966. 305 - 326.

213 Walsh, W. H. "Kant, Immanuel." In Paul Edwards, ed. *The Encyclopedia of Philosophy*. 8 vols. New York: Macmillan, 1967. 4:305 - 324.

Søren Kierkegaard

Clark, Gordon H. *Thales to Dewey: A History of Philosophy*. Boston: Houghton Mifflin, 1957. Reprinted ed. Hobbs, N. M. : Trinity Foundation, 1997. 485 - 492.

Copleston, Frederick, S. J. *A History of Philosophy*. 9 vols. Westminster, Md. : Newman, 1946 - 1975. Reprinted ed. Image Books. New York: Doubleday, 1993. 7:335 - 351.

Evans, C. Stephen. *Faith Beyond Reason: A Kierkegaardian Account*. Grand Rapids, Mich. : Eerdmans , 1998.

Gardiner, Patrick. "Kierkegaard, Søren Anabye." In Edward Craig, ed. *Routledge Encyclopedia of Philosophy*. 10 vols. New York: Routledge, 1998. 5:235 - 244.

Kierkegaard, Søren. *Attack upon "Christendom"*, translated and introduced by Walter Lowrie. Princeton, N. J. : Princeton University Press, 1968.

——. *Concluding Unscientific Postscript to "Philosophical Fragments"*. Edited and translated by Howard V. Hong and Edna. H. Hong. vol. 1, *Text*. Princeton, N. J. : Princeton University Press, 1992.

——. *Either/Or*. (1) Unabridged ed. Edited and translated by Howard V. Hong and Edna. H. Hong. 2vols. Princeton, N. J. : Princeton University Press, 1987. (2) Translated and edited by Alastair

Hannay. Penguin Classics. New York: Penguin, 1992.

——. *Fear and Trembling*, translated and edited by Alastair Hannay. Penguin Classics. New York: Penguin, 1986.

MacIntyre, Alasdair. "Kierkegaard, Søren Anabye." In Paul Edwards, ed. *The Encyclopedia of Philosophy*. 8 vols. New York: Macmillan, 1967. 4:336 – 340.

Scruton, Roger. *From Descartes to Wittgenstein: A Short History of Modern Philosophy*. Boston: Routledge and Kegan Paul, 1981. 186 – 190.

Stumpf, Samuel. *Socrates to Sartre: A History of Philosophy*. New York: McGraw-Hill, 1966. 455 – 461.

John Locke

Ayers, Michael. "Locke, John." In Edward Craig, ed. *Routledge Encyclopedia of Philosophy*. 10 vols. New York: Routledge, 1998. 5:665 – 687.

Clapp, James Gordon. "Locke, John." In Paul Edwards, ed. *The Encyclopedia of Philosophy*. 8 vols. New York: Macmillan, 1967. 4:487 – 503.

Clark, Gordon H. *Thales to Dewey: A History of Philosophy*. Boston: Houghton Mifflin, 1957. Reprinted ed. Hobbs, N. M.: Trinity Foundation, 1997. 358 – 369.

Copleston, Frederick, S. J. *A History of Philosophy*, 9 vols. Westminster, Md.: Newman, 1946 – 1975. Reprinted ed. Image Books. New York: Doubleday, 1993. 5:67 – 142.

Locke, John. *An Essay Concerning Human Understanding*. (1) Edited by Alexander Campbell Fraser. 2 vols. New York: Dover, 1959. (2) Edited by Roger Woolhouse. Penguin Classics. New York: Penguin, 1998.

——. *Two Treatises of Civil Government*. Edited by Peter Laslett. Student ed. *Cambridge Texts in the History of Political Thought*. Edited by Raymond Geuss and Quentin Skinner. Cambridge: Cambridge University Press, 1988.

——. *The Second Treatise on Civil Government*. Great Books in

214

Philosophy. Amherst, N. Y. : Prometheus, 1986.

Scruton, Roger. *From Descartes to Wittgenstein: A Short History of Modern Philosophy.* Boston: Routledge & Kegan Paul, 1981. 85 – 98.

Stumpf, Samuel. *Socrates to Sartre: A History of Philosophy.* New York: McGraw-Hill, 1966. 279 – 289.

Karl Marx

Clark, Gordon H. *Thales to Dewey: A History of Philosophy.* Boston: Houghton Mifflin, 1957. Reprinted ed. Hobbs, N. M. : Trinity Foundation, 1997. 477 – 485.

McInnes, Neil. "Marx, Karl." In Paul Edwards, ed. *The Encyclopedia of Philosophy.* 8 vols. New York: Macmillan, 1967. 5:171 – 173.

Marx, Karl. *Capital.* (1) Unabridged ed. 3 vols. Translated by Ben Fowkes and David Fernbach. Introduced by Ernest Mandel. Penguin Classics. New York: Penguin, 1992 – 1993. (2) Abridged ed. Edited by David McLellan. Oxford World's Classics. New York: Oxford University, 1999.

Rosen, Michael. "Marx, Karl." In Edward Craig, ed. *Routledge Encyclopedia of Philosophy*, 10 vols. New York: Routledge, 1998. 6: 118 – 133.

Scruton, Roger. *From Descartes to Wittgenstein: A Short History of Modern Philosophy*, Boston: Routledge and Kegan Paul, 1981. 212 – 225.

Stumpf, Samuel. *Socrates to Sartre: A History of Philosophy*, New York: McGraw-Hill, 1966. 421 – 436.

Friedrich Nietzsche

Clark, Gordon H. *Thales to Dewey: A History of Philosophy.* Boston: Houghton Mifflin, 1957. Reprinted ed. Hobbs, N. M. : Trinity Foundation, 1997. 492 – 498.

Clark, Maudamarie. "Nietzsche, Friedrich." In Edward Craig, ed. *Routledge Encyclopedia of Philosophy.* 10 vols. New York: Routledge, 1998. 6:844 – 861.

Copleston, Frederick, S. J. *A History of Philosophy.* 9 vols. Westminster,

Md. : Newman, 1946 – 1975. Reprinted ed. Image Books. New York: Doubleday, 1993. 7:390 – 420.

Kaufmann, Walter. "Nietzsche, Friedrich." In Paul Edwards, ed. *The* 215 *Encyclopedia of Philosophy*. 8 vols. New York: Macmillan, 1967. 5: 504 – 514.

Nietzsche, Friedrich. *Thus Spake Zarathustra*. (1) Translated and introduced by R. J. Hollingdale. Penguin Classics. New York: Penguin, 1961. (2) Edited by H. James Birx. Great Books in Philosophy. Amherst, N. Y. : Prometheus, 1997. (3) Translated by Walter Kaufmann. New York: The Modern Library, 1995.

Scruton, Roger. *From Descartes to Wittgenstein: A Short History of Modern Philosophy*. Boston: Routledge & Kegan Paul, 1981. 190 – 194.

Stumpf, Samuel. *Socrates to Sartre: A History of Philosophy*. New York: McGraw-Hill, 1966. 375 – 385.

Plato

Clark, Gordon H. *Thales to Dewey: A History of Philosophy*, Boston: Houghton Mifflin, 1957. Reprinted ed. Hobbs, N. M. : Trinity Foundation, 1997. 44 – 95.

Copleston, Frederick, S. J. *A History of Philosophy*, 9 vols. Westminster, Md. : Newman, 1946 – 1975. Reprinted ed. Image-Books. New York : Doubleday, 1993. 1:127 – 262.

Plato. *Dialogues*. Edited by Eric H. Warmington and Philip Rouse. Mentor. New York: Penguin, 1956.

——. *Meno*. In *Protagoras and Meno*. Translated and introduced by W. K. C. Guthrie. Penguin Classics. New York: Penguin, 1957.

——. *Phaedo*. translated by David Gallop. Oxford World's Classics. New York: Oxford University Press, 1999.

——. *The Republic*. (1) Translated by Robin Waterfield. Oxford World's Classics. New York: Oxford University Press, 1998. (2) Translated and introduced by Desmond Lee. Penguin Classics. New York: Penguin, 1955. (3) Great Books in Philosophy. Amherst, N. Y. : Prometheus, n. d.

Ryle, Gilbert. "Plato." In Paul Edwards, ed. *The Encyclo-pedia of Philosophy*, 8 vols. New York: Macmillan, 1967. 6:314 – 333.

Schofield, Malcolm. "Plato." In Edward Craig, ed. *Routledge Encyclopedia of Philosophy*. 10 vols. New York: Routledge, 1998. 7:399 – 421.

Stumpf, Samuel. *Socrates to Sartre: A History of Philosophy*. New York: McGraw-Hill, 1966. 48 – 84.

Jean-Paul Sartre

Copleston, Frederick, S. J. *A History of Philosophy*. 9 vols. Westminster, Md. : Newman, 1946 – 1975. Reprinted ed. Image Books. New York: Doubleday, 1993. 9:340 – 389.

Howells, Christina. "Sartre, Jean-Paul." In Edward Craig, ed. *Routledge Encyclopedia of Philosophy*, 10 vols. New York: Routledge, 1998. 8:473 – 479.

216   Olafson, Frederick A. "Sartre, Jean-Paul." In Paul Edwards, ed. *The Encyclopedia of Philosophy*, 8 vols. New York: Macmillan, 1967. 7: 287 – 293.

Sartre, Jean-Paul. *Being and Nothingness*. Translated by Hazel E. Barnes. Riverside, N. J. : Pocket Books, 1993.

———. *The Flies*. In *"No Exit" and Three Other Plays*. Translated by Stuart Gilbert. New York: Vintage, 1989. 47 – 124.

———. *Nausea*. Translated by Lloyd Alexander. Edited by Hayden Carruth. New York: New Directions, 1964.

———. *No Exit*. In *"No Exit" and Three Other Plays*. New York: Vintage, 1989. 1 – 46.

Scruton, Roger. *From Descartes to Wittgenstein: A Short History of Modern Philosophy*, Boston: Routledge and Kegan Paul, 1981. 264 – 270.

Stumpf, Samuel. *Socrates to Sartre: A History of Philosophy*. New York: McGraw-Hill, 1966. 465 – 470.

Thomas Aquinas

Bourke, Vernon J. "Thomas Aquinas, St." In Paul Edwards, ed. *The Encyclopedia of Philosophy*. 8 vols. New York: Macmillan, 1967. 8:105

- 116.

Clark, Gordon H. *Thales to Dewey: A History of Philosophy*. Boston: Houghton Mifflin, 1957. Reprinted ed. Hobbs, N. M.: Trinity Foundation, 1997. 269 – 284.

Copleston, Frederick, S. J. *A History of Philosophy.* 9 vols. Westminster, Md.: Newman, 1946 – 1975. Reprinted ed. Image Books. New York: Doubleday, 1993. 2:302 – 434.

Kretzmann, Norman. "Aquinas, Thomas." In Edward Craig, ed. *Routledge Encyclopedia of Philosophy*. 10 vols. New York: Routledge, 1998. 1:326 – 350.

Sproul, R. C., Jr., ed. *Table Talk* (May 1994). 本期杂志刊有数篇讨论阿奎那的文章。

Stumpf, Samuel. *Socrates to Sartre: A History of Philosophy*. New York: McGraw-Hill, 1966. 185 – 211.

Thomas Aquinas, *Summa Theologica*. (1) Unabridged ed. 5 vols. Allen, Tex: Christian Classics, 1981. (2) Abridged ed. Edited by Timothy McDermott. Allen, Tex: Christian Classics, 1997.

索 引

（索引中的页码为原书页码，即本书边码）

科菲尔德,215

scholasticism,经院主义,66

Schopenhauer,Arthur,亚瑟·叔本华,162

science,科学,13,15,16,19,33,41,42,44,68,70,79,80,82,91,105,106,115,117,119,120,159,187,188,203

scientific,scientists,科学的,科学家,14—16,33,40,41,59,81,82,105,118—120,123,131,187,189

Scopes trial,斯科普斯案件,188

Scripture,圣经,4,59,70,101,157,184,203

Scruton,Roger,罗杰·斯科鲁顿,11,205,211,212,213,214,215,216

Second Treatise on Civil Govern-ment,《政府论下卷》,214

Secular City,The,《世俗之城》,199,208

secularism,世俗主义/世俗文化,148

seeds (*spermata*),种子,25,52

self-awareness,自我认识,59,183

self-consciousness,自我意识,58,59,87,122,126,174

self-creation,自我创造,22,23,61,126

self-existence,自我存在,50,72—73,77,93,111,125—127

Seneca,塞涅卡,30

sensation,感觉,88,89,95,96,99,108,112,121

"sense manifold","感觉多样性",121,122,123

sensus divinitatis,对上帝的感知,59

Sextus Empericus,塞克斯都·恩披里柯,54,56

sexual revolution,性革命,196

sin,罪,62—63

skepticism,怀疑论,23,24,26,27,28,31,38,51,54,57,58,61,74,79—80,83,86,97,130—115,117,120,123,127,128,134,199,203

smart bombs,智能炸弹,74

Smith,Adam,亚当·斯密,107,118

snowball illustration,雪球的例子,98

social contract,社会契约,102

social Darwinism,社会达尔文主义,160

Socrates,苏格拉底,18,26—32,35,37,40,45,51,52,66,83,84,149,173

Socrates to Sartre,205,210,211,212,213,214,215,216

Socratic method,苏格拉底问答法,31

sola Scriptura,唯独圣经,82

solar eclipse,日蚀,16

Sophism,诡辩,28,30,38,51

Sophocles,索福克勒斯,27

Soviet Union,苏联,146

"space plus time plus chance","空间+时间+机遇",118

"spark of the divine","神的火种",52

Spencer,Herbert,赫伯特·斯宾塞,160

tortoise vs. Achilles illustration, 乌龟
与阿基里斯的例子, 23—24

Totem and Toboo,《图腾与禁忌》,
193, 196, 208, 211

Tractatus Logico-philosophicus, 202,
208

transubstantiation, 变质说, 45—46

Treatise of Human Nature, A,《人性
论》, 107, 206, 212

"trees pond water fall bu shes grass
flowers sky cloud", "树木池塘水
瀑布灌木绿草鲜花蓝天白云",
121

Trinity, 三位一体, 57, 60, 103

"true truth", "真正的真理", 97

truth, objective (see objective truth),
真理, 客观的(参见客观真理)

Truth as Encounter,《作为相遇的真
理》, 158, 207

"Truth is [as] subjectivity", "真理
即主体性", 154—156

truth and revelation (Augustine), 真
理与启示(奥古斯丁), 58—60

truth claims of Christianity, 基督教
的真理观, 113, 157

Two Treatises of Civil Govern-ment,
《政府论》, 100

tyranny of the majority, 多数人的独
裁, 102

U

Übermensch, 超人, 29, 166

"under the sun", "日光之下", 168

unicorn, 独角兽, 42

uniformitarianism, 地质均变说, 189

unity vs. diversity, 统一性与多样性,
13—15, 20—21, 94, 121, 148, 203

universals vs. particulars, 普遍与个
别, 14, 31, 38, 45, 83—84, 97,
152

universe, 宇宙, 14, 26, 61, 62, 74,
81, 86, 91, 92, 94, 118, 119, 120,
128, 179, 188

"unmoved mover", "不动的推动
者", 17, 49, 50, 77

"useless passion", "无用的热情",
180, 189

utilitarianism, 功利主义, 164

V

value (economics), 价值(经济学),
142—144

via negationes, 否定的方式, 56

victims, 受害者, 39, 176

virtue, 美德, 27—28, 30—31, 38,
52, 73, 76, 100, 164, 166—167

vivacity, 生动性, 107

Voltaire, 伏尔泰, 94, 206

W

Wagner, Richard, 里查德·瓦格纳, 160

"waiting for Godot", "等待戈多",
203

Wallace, E. R., E. R. 华莱士, 211

Walsh, W. H., W. H. 沃尔什,
213

water (ultimate essence), 水(终极
本质), 15—18

way of affirmation, 肯定的方式, 56

way of negation, 否定的方式, 56

图书在版编目（CIP）数据

思想的结果/（美）史普罗（R. C. Sproul）著；胡自信译.
—上海：上海三联书店，2020.5（2024.11重印）
（思想与人生系列）
ISBN 978 - 7 - 5426 - 6550 - 8

Ⅰ.①思… Ⅱ.①史…②胡… Ⅲ.①思想史—西方国家
Ⅳ.①B5

中国版本图书馆 CIP 数据核字（2018）第 254488 号

思想的结果

——理解塑造当今世界的观念

著　　者／史普罗
译　　者／胡自信

丛书策划／橡树文字工作室
特约编辑／王爱玲
责任编辑／邱　红　陈泠珅
装帧设计／徐　徐
监　　制／姚　军
责任校对／王凌霄

出版发行／上海三联书店
　　　　　（200041）中国上海市静安区威海路 755 号 30 楼
邮　　箱／sdxsanlian@sina.com
联系电话／编辑部：021 - 22895517
　　　　　发行部：021 - 22895559
印　　刷／上海盛通时代印刷有限公司

版　　次／2020 年 5 月第 1 版
印　　次／2024 年 11 月第 5 次印刷
开　　本／890mm×1240mm　1/32
字　　数／165 千字
印　　张／8.125
书　　号／ISBN 978 - 7 - 5426 - 6550 - 8/B·617
定　　价／58.00 元

敬启读者,如发现本书有印装质量问题,请与印刷厂联系 021 - 37910000